DE PONTOISE
A STAMBOUL

OUVRAGES DU MÊME AUTEUR

FORMAT IN-8

LE ROMAN D'UN BRAVE HOMME; 1 vol. illustré de 52 compositions par *Adrien Marie*; 2ᵉ édit. broché, 10 fr.; — relié.	14 »

FORMAT IN-16

ALSACE (1871-1872); 5ᵉ édition. 1 vol	3	50
CAUSERIES; 2ᵉ édition. 2 vol.	7	»
Chaque volume se vend séparément	3	50
LA GRÈCE CONTEMPORAINE; 8ᵉ édition. 1 vol.	3	50
Le même ouvrage, édition illustrée.	4	»
LE PROGRÈS; 4ᵉ édition. 1 vol.	3	50
LE TURCO. — LE BAL DES ARTISTES. — LE POIVRE. — L'OUVERTURE AU CHATEAU. — TOUT PARIS. — LA CHAMBRE D'AMI. — CHASSE ALLEMANDE. — L'INSPECTION GÉNÉRALE. — LES CINQ PERLES; 4ᵉ édition. 1 vol.	3	50
SALON DE 1864. 1 vol	3	50
SALON DE 1866. 1 vol	3	50
THÉATRE IMPOSSIBLE : Guillery, — L'assassin, — L'éducation d'un prince, — Le chapeau de sainte Catherine; 2ᵉ édition. 1 vol.	3	50
L'A B C DU TRAVAILLEUR; 4ᵉ édition. 1 vol	3	50
LES MARIAGES DE PROVINCE; 6ᵉ édition. 1 vol. . . .	3	50
LA VIEILLE ROCHE. Trois parties qui se vendent séparément.		
1ʳᵉ partie : *Le Mari imprévu*; 5ᵉ édition. 1 vol. . . .	3	50
2ᵉ partie : *Les Vacances de la Comtesse*; 4ᵉ édit. 1 vol.	3	50
3ᵉ partie : *Le marquis de Lanrose*; 3ᵉ édition. 1 vol. .	3	50
LE FELLAH; 4ᵉ édition. 1 vol.	3	50
L'INFAME; 3ᵉ édition. 1 vol.	3	50
MADELON; 8ᵉ édition. 1 vol.	3	50
LE ROMAN D'UN BRAVE HOMME; 30ᵉ mille. 1 vol. . . .	3	50
GERMAINE; 57ᵉ mille. 1 vol.	2	»
LE ROI DES MONTAGNES; 15ᵉ édition. 1 vol.	2	»
LES MARIAGES DE PARIS; 75ᵉ mille. 1 vol.	2	»
L'HOMME A L'OREILLE CASSÉE; 10ᵉ édition. 1 vol . .	2	»
TOLLA; 12ᵉ édition. 1 vol	2	»
MAITRE PIERRE; 8ᵉ édition. 1 vol	2	»
TRENTE ET QUARANTE. — SANS DOT. — LES PARENTS DE BERNARD, 40ᵉ mille. 1 vol	2	»
LE CAPITAL POUR TOUS. Brochure in-18.	»	10

Coulommiers. — Imp. P. BRODARD et Cⁱᵉ.

DE PONTOISE
A STAMBOUL

LE GRAIN DE PLOMB
DANS LES RUINES — LES ŒUFS DE PAQUES
LE JARDIN DE MON GRAND'PÈRE — AU PETIT TRIANON
QUATRE DISCOURS

PAR

EDMOND ABOUT

PARIS

LIBRAIRIE HACHETTE ET Cie

79, BOULEVARD SAINT-GERMAIN, 79

—

1884

Droits de propriété et de traduction réservés

DE
PONTOISE A STAMBOUL

I

L'aventure que je vais vous raconter par le menu ne ressemble pas mal au rêve d'un homme éveillé. J'en suis encore ébloui et étourdi tout ensemble, et la légère trépidation du wagon-lit vibrera très probablement jusqu'à demain matin dans ma colonne vertébrale. Il y a exactement treize jours que je quittais les bords de l'Oise pour aller prendre le train rapide de l'Orient à la gare de Strasbourg; et dans ces treize jours, c'est-à-dire en moins de temps qu'il n'en fallait à Mme de Sévigné pour aller de Paris à Grignan, je suis allé à Constantinople, je m'y suis promené, instruit et diverti, et j'en suis revenu sans fatigue, prêt à repartir demain si l'on veut, par la même voiture, pour Madrid ou Saint-Pétersbourg. Et notez que nous avons fait une halte de vingt-quatre heures dans cette France orientale qui s'appelle la Roumanie, assisté à l'inauguration d'un palais d'été dans les Carpathes, pris le thé avec un roi et un reine et banqueté somptueusement chez le Pignon de Bucarest. On dit avec raison que notre temps est fertile en miracles ; je n'ai rien vu de plus étonnant que cette odyssée dont la poussière estompe encore mon chapeau.

Par quel concours de circonstances ai-je quitté Paris le 4 octobre, à l'heure où le rideau se levait sur le beau drame de mon ami Albert Delpit? Tout simplement parce qu'un aimable homme, M. Delloye-Matthieu, m'avait dit au printemps dernier :

« Connaissez-vous Constantinople?

— Oui et non : j'y suis allé il y a trente ans et la ville doit avoir bien changé, quoiqu'elle ait assurément moins changé que moi.

— Si l'on vous invitait à l'aller voir?

— J'accepterais avec enthousiasme. Quand partons-nous?

— Aussitôt que le choléra voudra bien nous le permettre. »

M. Delloye-Matthieu est un richissime banquier belge, un puissant industriel et un piocheur infatigable. Il ne se contente pas de faire travailler ses capitaux dans les grandes affaires de la Belgique et de l'étranger ; il y prodigue sa personne, dirigeant, conseillant, surveillant, instruit de tout, présent partout, brûlé par une activité dévorante, et bon vivant avec cela, gai causeur et joyeux convive. On assure qu'il aura bientôt soixante-huit ans ; tout ce que je sais de son âge, c'est qu'à Constantinople il était le dernier à se mettre au lit et le premier aux cavalcades matinales.

Cet aimable homme de finance préside le comité de la Compagnie internationale des wagons-lits dont le directeur, presque aussi connu en Europe que M. Pullman en Amérique, est M. Nagelmackers. Et la Compagnie des wagons-lits invitait une quarantaine de fonctionnaires, d'administrateurs, d'ingénieurs et de publicistes à l'inauguration d'un matériel non seulement neuf, mais tout à fait nouveau.

Je crois superflu d'indiquer pourquoi la Compagnie des wagons-lits est internationale. Son but étant de faire circuler ses voitures sur tous les chemins de l'Europe continentale et d'emprunter successivement pour un même voyage la traction de diverses Compagnies, elle ne pouvait être exclusivement ni française, ni allemande, ni espagnole, ni italienne, ni russe. Je dirai même sans crainte de sembler paradoxal qu'elle ne pouvait être que belge, car le nom sympathique et honoré de la Belgique est synonyme de neutralité. Il faut, pour ainsi dire, le concours d'un bon vouloir universel, d'une sorte de fraternité invraisemblable, au triste temps où nous vivons, pour faire circuler, depuis Brest jusqu'à Giurgewo ou de Séville à la frontière russe, un voyageur malade ou pressé, sans qu'il ait à subir les vexations, les ennuis, les retards de la douane et de la police. L'homme, colis vivant, que les entrepreneurs de transports secouaient sans aucun scrupule, que les contrôleurs réveillaient sans pitié, que les buffets et les gargotiers embusqués aux stations principales empoisonnaient et rançonnaient sans merci, que tout un peuple de parasites et de fâcheux se repassait de mains en mains, deviendra presque, avec le temps, un animal sacré, un chat d'Égypte. Tout le monde se mettra d'accord pour lui donner non seulement de la vitesse, mais du calme, du sommeil et du confort, en échange de son argent.

J'aime fort les chemins de fer, d'autant plus que j'ai connu les diligences, et je fais chaque année une jolie consommation de kilomètres. Mais j'ai pesté souvent, comme tous les Français, contre la réclusion du voyageur dans ces compartiments de huit places où l'on n'est bien qu'à condition d'être quatre, contre l'insuffisance des temps d'arrêt, qui atteste un profond mépris pour les infirmités de la nature humaine. Que de fois, à travers la portière d'un wagon, j'ai contemplé d'un œil d'envie une de ces voitures de saltimbanques où la famille entière boit, mange et dort en paix sous la conduite du pitre mélancolique qui fouette un vieux cheval blanc! Je sais que ce mode de locomotion manque de promptitude et qu'il ne serait pas goûté des agents de change qui vont le samedi soir à Trouville. Mais le confort et la célérité ne sont pas inconciliables, témoin ces colonies mouvantes que le train de New-York transporte à San-Francisco en cinq jours et demi, et qui parcourent cinq mille trois cent cinquante kilomètres, sans souffrir ni de la faim, ni de la soif, ni même des fourmis dans les jambes, car le voyageur fatigué d'être assis peut se reposer en marchant. Ce qu'il y a de plus merveilleux et de plus enviable dans ces grands trains du Pacifique, c'est qu'on y est chez soi, qu'on peut s'y installer pour toute la durée du voyage sans craindre les transbordements, tandis qu'en France, dans le premier pays du monde (vieux style), il faut changer deux fois de voiture pour aller de Pontoise à Saint-Germain.

Mais si j'ai jalousé souvent le bien-être du voyageur américain, du diable si je m'attendais à le trouver dans les wagons-lits! Ces longues voitures verdâtres, éclairées par de rares fenêtres qui n'ont pas l'air de s'ouvrir volontiers, attirent quelquefois notre attention dans les gares, à l'arrivée des trains de longue haleine. Elles sont noyées de poussière et l'on distingue à peine dans la pénombre le profil d'un Anglais qui s'étire en bâillant ou la face d'un valet de chambre à casquette galonnée d'or. Telle est du moins l'impression que j'avais conservée du vieux matériel des wagons-lits, des voyageurs et du service. Je n'y voyais guère autre chose que des hôpitaux ambulants ou des cabines de bateau à vapeur en terre ferme; je n'éprouvais qu'une sincère compassion pour leurs passagers, et je me réjouissais d'être assez bien portant pour éviter les bienfaits d'une hospitalité si bien close.

La soirée du jeudi 4 octobre fut donc pour moi comme une révélation; elle m'ouvrit un monde que je n'avais pas entrevu même en songe. Par une malice du sort ou peut-être par une ingénieuse combinaison de M. Nagelmackers, le train où nous allions monter s'allongeait parallèlement à un vieux wagon-lit du modèle qui a fait son temps. D'un côté, la voiture-hôpital, la voiture-prison, la vieille voiture verte et poudreuse; de l'autre, trois maisons roulantes, longues de dix-sept mètres et demi, construites en bois de teck et en cristal, chauffées à la vapeur, brillamment éclairées au gaz, largement aérées et aussi confortables pour le moins qu'un riche appartement de Paris. Les quarante invités de la Compagnie, les parents, les amis, les curieux qui nous entouraient à la gare de l'Est, ne pouvaient en croire leurs yeux. Mais ce fut bien autre chose après le coup de sifflet du départ, lorsque notre menu bagage fut installé dans de jolies chambrettes à deux, à trois ou quatre lits et qu'un repas délicieux nous réunit pour la première fois dans la salle à manger commune. Il est invraisemblable, ce symposium précédé d'un petit salon pour les dames et d'un joli fumoir, et suivi d'une cuisine grande comme la main dans laquelle un superbe Bourguignon à barbe noire fait des miracles que Cleverman et même Hermann n'égaleront jamais. J'ai conservé presque tous les menus de cet artiste sans rival, et si je ne les livre pas à votre admiration, c'est que la bonne nourriture rend l'homme bon et que je craindrais de damner mon prochain par le péché de convoitise. Mais il n'est pas indifférent de noter que la Compagnie s'appliquait à nous faire connaître au jour le jour les mets nationaux et les illustres crus des pays que nous traversions. C'est ainsi par exemple que nous bûmes en Roumanie un très joli vin blanc, fabriqué et signé pas M. J.-C. Bratiano, président du conseil des ministres, et vraiment digne de porter le nom d'une Excellence.

C'est au premier dîner, comme il convient, que la connaissance se fit entre nous. Nous étions au départ dix-neuf Français, et nous aurions été vingt si le ministre des postes et des télégraphes n'eût été retenu au dernier moment par la politique; mais il avait envoyé son aimable fils avec deux grands chefs de service, tandis que M. Grimprel, directeur de la dette inscrite, représentait avec infiniment d'humour et d'esprit le ministère des finances. Nos cinq grandes Compagnies de chemins de fer avaient délégué M. Delebecque, M. Courras, M. Delattre, M. Amiot, MM. Berthier et Regray. On avait invité dans la presse parisienne trois jeunes gens fort gais et de bonne compagnie, M. Boyer, M. Tréfeu et le fils d'Ernest Daudet. Il faut aussi porter à l'actif de la France le célèbre correspondant du *Times*, M. de Blowitz, qui s'est fait naturaliser vaincu en 1871. C'est un homme très particulier, de physionomie bizarre et d'une coquetterie originale. Peut-être un peu trop pénétré de son mérite et de son influence, mais très intelligent, assez instruit, vif à la réplique, capable d'entendre la plaisanterie et d'y répondre argent comptant. Je n'étais pas sans quelque prévention contre lui avant de le rencontrer en personne; il gagne à être connu. Les Belges, nos aimables hôtes, étaient les plus nombreux après nous. A l'état-major de la Compagnie, composé de MM. Delloye-Matthieu, Nagelmackers, Lechat, Schrœder, s'étaient adjoints M. Dubois, administrateur des chemins de fer de l'État belge, et le ministre des travaux publics en personne, M. Olin. C'est un jeune homme de trente à trente-cinq ans, de taille très moyenne, de figure avenante, simple et digne, sérieux et cordial, et sans un atome de morgue officielle. L'ambassade ottomane de Paris avait prêté pour quelques jours son premier secrétaire, Missak-Effendi, un de ces diplomates que la Turquie fait faire exprès pour s'attirer les sympathies de l'Europe, car ils sont gens du monde, avisés, réfléchis, séduisants, et ils parlent toutes les langues, y compris le pur parisien. Nous n'avions qu'un seul Hollandais, M. Janszen, mais il incarnait en lui seul tout ce qu'il y a de meilleur dans la Hollande, la droiture, la bonhomie, la cordialité. Je crois bien que, si nous avions eu un prix de bonne grâce à décerner en rentrant à Paris, M. Janszen l'eût emporté à l'unanimité des voix.

Nous trouverons à Vienne et à Pesth l'administration et la presse d'Autriche-Hongrie qui feront bon ménage avec nous. Quant aux Allemands de la grande Allemagne, ils n'étaient représentés parmi nous que par deux ou trois journalistes dont nous n'avons eu ni à nous plaindre ni à nous louer, car nous n'avons pas échangé deux idées avec eux, tout en mangeant le même pain.

II

L'expérience de notre hôtellerie roulante commence au coup de sifflet du départ, et elle intéresse vivement tous ceux d'entre nous qui ont une certaine pratique des chemins de fer. Ainsi, l'on doit nous servir à dîner dans un quart d'heure et nous trouvons le couvert mis avec une intrépidité qui nous étonne. J'ai l'habitude de déjeuner tous les mois dans le train de Paris à Boulogne-sur-Mer, et quoique la Compagnie du Nord ait des voitures admirablement suspendues qui lui coûtent jusqu'à dix-sept et dix-huit mille francs l'une, je sais combien il est malaisé d'y verser et d'y boire un verre de vin sans trinquer avec sa propre chemise. Eh bien! les serviteurs de la Compagnie Nagelmackers n'ont pas craint de placer devant chacun de nous trois ou quatre verres à pied d'un équilibre fort instable. Il faut que ces braves garçons aient une confiance illimitée dans l'aplomb de leur restaurant, et il nous semble à première vue que les fiches, les cordes tendues, ce qu'on appelle le violon à bord des paquebots, ne seraient pas de trop en cette occurrence. L'événement nous donne tort : rien ne bouge sur ces petites tables si bien servies, tant la construction des voitures a réalisé de progrès depuis quelques années. La pesanteur du train qui représente environ mille kilogrammes de poids mort par voyageur, la fabrication ingénieuse et savante des roues, la multiplicité des ressorts et des tampons, l'écartement des essieux qui permet de poser chaque voiture sur deux trucs indépendants l'un de l'autre, tout concourt à nous faire rouler sans secousse, sans bruit, sans fatigue, à des vitesses qui, par moment, n'ont pas été de moins de quatre-vingt-dix kilomètres à l'heure. Et dans les courbes les plus rapides, où les voitures ordinaires de sept mètres de long sont parfois rudement cahotées, non seulement nous n'avons point ressenti le moindre choc, mais nous n'avons pas même éprouvé cette trépidation qui fait dire aux voyageurs des trains express : Ça marche bien.

Ce qui n'a pas très bien marché le premier soir, c'est le service. Soit que le cuisinier n'eût pas encore ses coudées franches dans l'armoire à surprises qui lui sert d'atelier, soit que les domestiques fussent un peu déconcertés par l'abondance et l'opulence d'un matériel tout battant neuf, soit peut-être tout bonnement parce que les invités se trouvaient trop bien à table et s'amusaient plus que de raison à lier connaissance le verre en main, il n'était pas loin de minuit lorsque nous prîmes le chemin de nos chambres. Encore quelques groupes trouvèrent-ils le moyen de faire une station en plein air sur les petites plates-formes qui séparent les grands wagons : on y est admirablement pour fumer un cigare dont le vent furieux du train emporte la moitié. J'avoue que je n'étais pas fâché d'éloigner l'heure fatale du sommeil et d'entrer le plus tard possible dans la prison sans air où les passagers des bateaux ronflent les uns sur les autres lorsqu'ils ne font rien de pis. Il me semblait que nos voitures neuves devaient sentir la peinture et je ruminais tristement le nom de ces dragées pharmaceutiques qui prétendent guérir le mal de mer. Je n'en eus pas besoin. La chambre, nette et luisante comme un sou neuf, n'a pas reçu une seule couche de peinture, par l'excellente raison qu'elle est boisée du haut en bas. Le matelas et l'oreiller sont juste à point, ni trop mous ni trop durs; les draps, qu'on change tous les jours par un raffinement inconnu dans les maisons les plus riches, exhalent une fine odeur de lessive; et mes deux compagnons, MM. Grimprel et Missak-Effendi, sont des dormeurs exemplaires. La lampe à gaz brillait discrètement à travers une épaisseur de soie verte. Lorsque j'ouvris les yeux, nous roulions vers Carlsruhe à travers les prairies badoises, et il faisait grand jour. J'ai su depuis que trois ou quatre ingénieurs de notre bande étaient descendus à Strasbourg avec M. Porgès, président de la Société Edison, pour voir l'intérieur de la nouvelle gare éclairée par la lampe électrique. On dit que c'est fort beau; mais le soleil lui-même me paraîtrait bien terne à Strasbourg. Nous traversons les bois, les vignobles et les riches cultures du Wurtemberg sans autre incident mémorable que notre toilette du matin. Mais ce détail n'est pas une petite affaire. Le confort est un peu comme le galon; dès qu'on en prend, on n'en saurait trop prendre. A force d'être bien, nous sommes déjà devenus exigeants, et les deux cabinets de toilette qui s'ouvrent à chaque bout de chaque wagon-lit ne nous suffisent plus, il nous en faudrait au moins quatre. Ils sont installés avec luxe, amplement pourvus de savon, d'eau chaude et d'eau fraîche, et maintenus dans un état d'irréprochable propreté par les valets de chambre. Mais, soit pour la toilette, soit pour les autres besoins de la vie, ils ne peuvent héberger qu'un voyageur à la fois. Nous sommes donc obligés, le matin, de nous attendre les uns les autres et quelquefois assez longtemps. C'est notre seul desideratum dans les délices de cette Capoue roulante, et je crains bien qu'il soit matériellement impossible de faire mieux que l'on n'a fait. Considérez d'ailleurs que les voyageurs ordinaires d'un train express rendraient mille grâces aux dieux s'ils avaient un de ces cabinets de toilette pour cent personnes. Or nous en avions deux pour vingt. En Bavière, non loin de l'inutile et ruineuse forteresse d'Ulm, nous rencontrons pour la première fois le beau Danube bleu que l'on appelle aussi et peut-être plus justement *die schmutzige Donau,* la sale Danube. Nous découvrons encore une autre chose qui n'est pas sans nous émouvoir. C'est que le wagon-restaurant, où l'on fait de si bonne cuisine et où l'on passe trois heures à table, a un léger défaut de construction : l'essieu chauffe ; une odeur de graisse brûlée avertit nos ingénieurs qui ont le nez fin. Il n'y a pas péril en la demeure ; d'ailleurs les passagers peuvent communiquer incessamment avec le mécanicien. Mais une réparation est nécessaire, et elle ne peut s'exécuter en chemin. Le chef de gare de Munich ne nous l'a pas envoyé dire : il a fait décrocher d'urgence notre beau restaurant neuf avec toutes ses dépendances, juste au moment où l'on nous apportait le café. Mais il faut croire que cette Compagnie des sleeping-cars a tout prévu, même les accidents inévitables dans l'essai d'un nouveau matériel. En moins de cinq minutes, le cuisinier, les maîtres d'hôtel et tous les hommes de service sont embarqués à bord d'un autre restaurant

2

moins neuf et moins brillant que le premier, mais aussi bien pourvu de tout le nécessaire et même de tout le superflu. Jusqu'à Giurgewo où nous devons quitter le train pour pénétrer en Bulgarie, rien ne nous manquera, ni le beurre frais d'Isigny, ni les vins fins, ni les fruits, ni les cigares. Et quand nous reviendrons de Constantinople, nous retrouverons à Giurgewo le beau restaurant neuf qui s'est fait réparer à Munich.

Le court moment que nous avons passé dans la capitale de la Bavière nous a permis d'admirer sinon l'architecture, au moins les proportions d'une de ces gares monumentales dont l'Allemagne victorieuse s'est donné le luxe à nos frais. Non seulement nous les avons payées, mais elles pourront encore nous coûter cher, car elles sont manifestement construites contre nous. Ces halls immenses où tout encombrement de voyageurs est impossible sont des établissements militaires au premier chef. Il ne faut pas être grand clerc en stratégie pour supputer au pied levé le nombre de batteries et de bataillons qu'on y peut embarquer dans les vingt-quatre heures à destination de Paris. J'aime à croire que depuis douze ans notre état-major général a suivi les exemples de M. de Moltke, mais je n'en suis pas bien certain.

Nous avons passé la frontière d'Autriche et pris l'heure de Prague à Simbach après l'heure de Munich, l'heure de Stuttgard et l'heure allemande. Une des particularités de la monarchie autrichienne, c'est qu'il lui sonne deux heures à la fois, l'une à Prague, l'autre à Pest, l'heure bohême et l'heure madgyare. Seule, l'heure de Vienne n'existe pas, probablement parce que Vienne règle sa montre sur les illustres pendules de Berlin. L'horloge de notre wagon-restaurant a craint de s'affoler dans la confusion de tous ces méridiens politiques, et, par une mesure de neutralité intelligente, elle a oublié sa clef à Paris. Quant à nous, nous avons renoncé depuis Strasbourg à déranger nos montres, et ce sont deux voix féminines qui nous ont, à la gare de Vienne, sonné minuit.

Voix charmantes d'ailleurs et voix de femmes gracieuses entre toutes. Au moment où M. Georges Cochery, M. Blavier, M. Eschbacher et M. Porgès, quatre Français, quittaient le train pour aller voir l'Exposition d'électricité, nous embarquions un haut fonctionnaire des Chemins de l'État autrichien, M. Von Scala, avec sa femme et sa belle-sœur. Un élément nouveau et particulièrement délicat venait assaisonner tous nos plaisirs et tempérer agréablement la gaieté d'une nombreuse réunion d'hommes. Mme Von Scala est fort belle; elle a le type anglais animé par la physionomie viennoise; sa sœur, Mlle Léonie Pohl, est exactement le contraire d'une beauté classique, mais elle a tant d'esprit, tant de grâce et de bonne humeur qu'elle est sûre de plaire, et pour longtemps, au second coup d'œil. Les deux aimables sœurs ont, du reste, une taille charmante et une profusion de cheveux blond cendré dont la finesse et la couleur feraient merveille à Paris. L'empire d'Autriche-Hongrie est largement représenté dans notre caravane par M. Von Hollan, conseiller de section, M. Von Obermayer, conseiller de régence, charmant homme, le cœur sur la main, délégués l'un et l'autre par le ministre des travaux publics, et par M. Wiener, secrétaire général des Chemins de fer orientaux et frère du célèbre explorateur de l'Amazone. Le plus jeune de ces deux hommes distingués est resté Autrichien; l'aîné est naturalisé Français et secrétaire de notre légation au Chili.

J'avais parcouru la Hongrie il y a une douzaine d'années avec mon ami Camillo, qui s'est fait moine laïque à Rome et qui nous écrit de si jolies lettres quand il a le temps. Nous avions traversé ensemble ces vastes plaines que l'on croirait cultivées par des génies invisibles, car, en juin 1869, le blé mûr abondait partout et l'on cherchait en vain les laboureurs ou leurs villages. Depuis la ville féodale de Buda et sa laborieuse voisine de Pest jusqu'à l'étrange colonie des Confins militaires, nous n'avions guère vu d'autres habitants que les chevaux nerveux, les bœufs aux longues cornes et les buffles demi-sauvages. Il me semble aujourd'hui que la culture a progressé. L'homme est moins rare, on voit plus de plantations, plus d'arbres fruitiers, plus de vignes surtout. La vigne enrichira peut-être bien [des pays déshérités si le phylloxera consomme notre ruine. On nous offre, à toutes les gares, de gros raisins délicieux qui n'ont qu'un seul défaut, c'est d'être trop sucrés; il faudrait le savoir et l'expérience de vignerons consommés pour transformer tout ce sucre en alcool. Nous suivons à travers les glaces sans tain de nos voitures la récolte du maïs. Elle est très pauvre; la sécheresse de l'été a arrêté presque partout le développement des épis. Le bétail aura de la paille à satiété; mais les hommes? Voici un chariot qui emporte la moisson de cinq ou six hectares, et il n'est rempli qu'à moitié. Par bonheur, les citrouilles, qui se cultivent dans l'intervalle des sillons, ont un peu moins mal réussi. Et puis, voici des troupeaux d'oies, de ces belles oies blanches qu'on dirait emballées par un confiseur, tant leur plume est légère et frisée. Les éleveurs français les payent trente ou quarante francs la paire; ici, le paysan les vendra jusqu'à vingt sous pièce, si elles sont bien en chair. La chasse offre aussi des ressources au Madgyare aventureux. Nous venons d'admirer deux hommes magnifiques, grands et forts, précédés de deux beaux chiens d'arrêt. Vêtus d'une chemise blanche et d'un caleçon de même couleur, ils marchaient fièrement, nu-pieds dans les chaumes. Ces vastes plaines sans trèfle, sans luzerne, sans remises trompeuses, semblent avoir été créées pour la multiplication des perdrix. On viendra les chercher ici lorsque le braconnage les aura détruites chez nous; je crois même qu'on y vient déjà et que la Hongrie a sa part dans le repeuplement de nos chasses.

Où donc sommes-nous? Je ne sais; quelque part entre Pest et Temeswar. Le train s'arrête et nous sommes saluées par la musique des Tziganes. A dire vrai, ces artistes brillants ne sont Tziganes que de nom. Si leurs types sont hongrois, leurs costumes ne feraient pas sensation sur la place de la Ferté-sous-Jouarre. Mais, Bohèmes ou non, ils ont le diable au corps, et ils jouent avec un brio merveilleux non seulement leurs mélodies nationales, mais la musique de Rouget de l'Isle en l'honneur des hôtes français. On les applaudit, on leur crie non pas *bis*, ce qui serait impoli comme un ordre donné à des inférieurs, mais un mot qui signifie : Comment est-ce? Nous n'avons pas bien entendu ou bien compris; nous serions bien heureux de goûter un peu mieux ce que vous nous avez fait entendre.

Mais la machine siffle : adieu musique ! Non !
l'orchestre a bondi dans notre fourgon de bagages;
il a bientôt passé dans la salle à manger ; on fait
un branle-bas général des tables et des chaises,
et voici nos jeunes gens qui dansent avec les
aimables Viennoises une valse de tous les diables.
Cette petite fête ne finira qu'à Szegedin. Ce n'est
pas seulement la musique qui escalade ainsi
l'Orient-Express entre deux stations ; c'est quelquefois aussi, et très souvent, la gastronomie.
Les bons vivants des divers pays que nous traversons ne détestent pas, me dit-on, de prendre le
train pour deux ou trois heures, histoire de se
remémorer les finesses de la cuisine française et
de déguster les excellents vins de M. Nagelmackers.

La population qui vient nous voir passer se
bariole de plus en plus. Nous remarquons les
jolis uniformes des militaires et des *Honveds* ou
territoriaux. Nous saisissons au vol une étonnante
variété de types et de costumes le plus souvent
admirables. Les Hongrois qui sont maîtres non
seulement chez eux, mais dans toute la monarchie autrichienne, ne font pas la majorité même

en Hongrie. Ils partagent leur propre territoire avec des millions de Serbes, qui sont Slaves, et des millions de Roumains, qui descendent des soldats de Trajan. Quant à eux, ils sont Turcs, Turcs chrétiens, mais Turcs authentiques. Leurs qualités et leurs défauts, comme leur langue, attestent cette origine dont ils n'ont pas à rougir, car les Turcs, eux aussi, sont une race noble et une fière nation.

La ville de Szegedin, dont les malheurs ont ému le monde entier, est rebâtie à neuf et plus belle, plus régulière, plus confortable surtout qu'elle ne l'a jamais été. Le *home* est le moindre souci des rudes paysans de ces contrées. Hommes, femmes, enfants, passent leur vie au grand air, ou, quand le froid sévit trop fort, s'entassent dans de véritables tanières. Ce qui distingue surtout la civilisation orientale de la nôtre, c'est l'absence presque totale des capitaux immobilisés. Dans la banlieue de Londres ou de Paris, la propriété bâtie représente une valeur de plusieurs milliards. Ici, vous pourriez parcourir cent kilomètres sans rencontrer pour cent mille francs de maisons. La construction des chemins de fer a été une heureuse dérogation à la règle générale ; encore est-on tenté de croire que ce phénomène s'est produit un demi-siècle trop tôt, car le trafic est extrêmement rare, et nous roulons souvent quatre ou cinq heures de suite sans nous croiser avec un train.

Le paysage, qui était plat et monotone depuis le matin, tourne au pittoresque à mesure que nous approchons des Carpathes. Ainsi que le Danube, notre route a ses Portes-de-Fer. On ne les franchit pas toujours sans danger ; les torrents ne se font pas faute de miner le ballast ; la marne verte des montagnes s'éboule ou glisse en grandes masses sur la voie. Un train a déraillé ici la semaine dernière et l'on nous dit qu'il y a eu mort d'homme. Nous voyons une équipe de terrassiers qui travaillent à prévenir tout nouvel accident. Notre journée de samedi s'achève au milieu de décors magnifiques et incessamment renouvelés. Malheureusement la nuit tombe vite en octobre ; elle nous a surpris au milieu des merveilles d'Herculesbad, les bains d'Hercule, une station renouvelée des Romains et décorée avec infiniment de goût par les modernes. La gare, qui est un beau morceau d'architecture, développe sa façade entre deux grands portiques entièrement drapés de vigne vierge. Cette décoration est d'un goût qui ferait pâmer le chef de station de l'Isle-Adam et ses collègues de la ligne de Pontoise à Creil, tous habiles artistes et fins jardiniers, comme on sait.

C'est à Orsowa que Kossuth, vaincu par la Russie et par l'Autriche, enterra le trésor national, c'est-à-dire la couronne de saint Etienne. Ce souvenir patriotique est consacré, nous dit-on, par une chapelle que nous ne voyons pas, car il fait décidément nuit noire et c'est en aveugles que nous passons la frontière de Roumanie.

Il était convenu au départ que nous nous arrêterions vingt-quatre heures à Bucarest pour attendre le train ordinaire, parti de Paris vendredi soir et correspondant comme le nôtre avec le bateau de Varna. Mais, considérant que la ville de Bucarest est trop neuve, trop civilisée, trop semblable à Paris ou à Bruxelles pour retenir, un jour durant, des voyageurs aussi pressés que nous, la Compagnie hospitalière organisa pour le dimanche une petite partie de campagne à quatre heures de la capitale. Quatre heures en express, c'est approximativement la distance de Paris à Dieppe. Voyez-vous d'ici le bourgeois qui, pour se désennuyer le dimanche, prend une tasse de thé à la gare Saint-Lazare, se baigne sur la plage devant le Casino de M. Bias, déjeune à l'hôtel Royal, écoute le concert sur la Terrasse, et revient à Paris sur les dix heures pour souper au café Anglais? Voilà le plan de notre journée du 7 octobre, tel qu'il avait été dressé par l'esprit inventif de M. Nagelmackers. Vous verrez qu'il a réussi au delà de toute espérance.

III

Il n'était pas cinq heures du matin quand nous sommes entrés, tout dormants, dans la gare de Bucarest. Le directeur des Chemins de Roumanie, M. Olanesco, nous attendait pour déjeuner au buffet en très nombreuse et très aimable compagnie. Je trouve en descendant sur le quai M. Frédéric Damé, un jeune journaliste parisien, qui s'est enraciné ici en épousant une femme charmante et qui dirige avec succès un grand journal politique, *l'Indépendance roumaine*. Il se met à table avec nous et nous apprend entre deux verres de thé et deux tartines de caviar que le village de Sinaïa, où nous allons passer la journée, doit être aujourd'hui le théâtre d'une solennité officielle. Toutes les autorités du pays, sauf la presse, ont été conviées à l'inauguration d'un palais que le roi Charles s'est fait bâtir dans la montagne, à plus de six cents mètres au-dessus du niveau du Danube. L'édifice, dont on dit merveille, a coûté plus de dix ans de travail et plus de trois millions de francs. On forme un train de plaisir qui doit emporter les curieux à Sinaïa; quant à nous, nous nous y rendrons sans rompre charge dans nos excellentes voitures. Sinaïa, qui tire son nom d'un monastère du Sinaï, est au nord de la capitale, en pleine Transylvanie. Nous allons traverser pendant une heure au moins les terres d'un de mes vieux amis, Georges Bibesco, qui n'est que prince en Roumanie, mais que l'armée française compte au nombre de ses héros. Je lui ai fait savoir notre arrivée et j'espère lui serrer la main à la station de Campina. Mais le temps nous commande et la vitesse nous opprime; notre train brûle Campina et presque toutes les stations de la route. Cependant nous avons pu voir un bon lopin de Roumanie, plaine ou montagne, et nous faire une idée de ce riche et singulier pays. Son territoire égale en étendue un grand tiers de la

France et la population n'est guère que de cinq millions d'habitants. Les plaines, toutes en terre d'alluvion, ont une fertilité inépuisable; la terre végétale y mesure souvent plusieurs mètres de profondeur. Malheureusement les forêts ont été dévastées et le sont encore un peu tous les jours, tant par les hommes que par les bêtes, et le déboisement a produit un régime des eaux déplorable. Les cinq ou six affluents du Danube qui traversent le pays ne méritent pas le nom de rivières; sauf le Jul et l'Olto dont le cours pourrait être amélioré, ce sont des torrents qui débordent aujourd'hui et qui seront à sec demain. Il suffit d'un été sans pluie, comme celui de 1883, pour dessécher tout le pays, réduire à néant les récoltes et affamer la population agricole, c'est-à-dire le pays entier. La question agraire est très brûlante ici, comme à Rome du temps des Gracques, mais elle ne serait pas résolue par le partage des terres, car la terre ne manque pas au paysan; il en possède plus qu'il n'en peut cultiver. La même loi qui a supprimé le servage en 1864 a doté chaque famille agricole de cinq hectares et demi, ce qui est fort beau. Si ce n'était pas suffisant, l'État, qui possède encore un tiers du pays, ne se ferait pas prier pour augmenter la dose. Mais le capital manque au paysan roumain; il lui faudrait un peu d'argent pour acheter un matériel d'exploitation, le bétail, les semences, et quelquefois le pain de sa famille. Quand je dis le pain, c'est une façon de parler, car ces pauvres travailleurs de la campagne ne le connaissent que de réputation. D'un bout à l'autre de l'année, ils vivent de maïs cuit à l'eau et assaisonné d'un peu d'ail ou d'oignon. Que la récolte manque, et l'affranchi devient serf, comme au temps des hospodars phanariotes. Il va chez son voisin, le riche propriétaire, emprunter quelques sacs de maïs, et, pour ne pas mourir de faim, il engage sans hésiter la seule chose qu'il possède, le travail de ses bras L'année prochaine, à l'époque où il aura besoin de labourer, de sarcler ou de moissonner chez lui, le créancier le sommera de tenir ses engagements, et il devra s'exécuter, coûte que coûte. Ceux qui tondent ainsi sur la misère du prochain s'exposent à des represailles. Le Roumain est trop doux pour entreprendre la

Jacquerie en gros, mais il est quelquefois assez désespéré pour la pratiquer en détail. Les chômages religieux que l'orthodoxie grecque multiplie à tort et à travers viennent encore aggraver dans ce pays la difficulté de vivre. On me parle de cent vingt-cinq jours de fêtes par an, sans compter les dimanches. Nos curés n'auraient pas beau jeu dans le canton de Pontoise s'ils venaient dire aux bonnes gens de *la* légume : « Vous ne travaillerez qu'un jour sur deux. » Ici le prêtre est médiocrement considéré, mais religieusement obéi. Il impose une fois par mois son eau lustrale et ses prières aux riches habitants de la ville qui ne regardent pas à vingt francs pour en débarrasser leurs maisons. Mais nous ne sommes pas venus ici pour réformer l'Église d'Orient. Voici la ville de Plojesti, avec ses sources de pétrole qui, si l'on sait en tirer parti, remplaceront bientôt la houille anglaise pour l'éclairage au gaz, et le bois pour le chauffage des machines. Non loin de là, nous remarquons un joli petit camp de cavalerie, avec les tentes dressées en bon ordre, les chevaux au piquet, les hommes en liberté, et l'éternel féminin rôdant à l'entour. A partir de Campina, nous sommes en pleine montagne; la voie longe un torrent endigué tant bien que mal par des enrochements énormes que l'eau ne respecte pas toujours. Le lit est presque à sec en ce moment; on y voit circuler des charrettes à bœufs et des paysans qui ramassent la pierre calcaire arrondie en galets, pour alimenter de petits fours à chaux épars sur les deux rives. La montagne est pittoresque à sa façon, autrement que les Alpes qui sont granitiques, ou les Pyrénées qui sont calcaires. Elle ressemblerait plutôt à l'Apennin mais à un Apennin plus neuf, moins usé, aux arêtes un peu plus vives, avec une végétation plus puissante et plus grandiose. Nous marchons de surprises en étonnements et de ravins en précipices, jusqu'au village paradoxal de Sinaïa; je dis paradoxal parce que c'est un village sans paysans et beaucoup plus mondain en apparence et en réalité que Bougival ou même Trouville. Ce ne sont que chalets, que villas et châteaux, le tout fort élégant, très riche et d'un goût parisien qui se retrouve jusque dans l'arrangement des jardins et des squares. Nous arrivons à la station, et le premier objet qui y frappe ma vue est la bonne et loyale figure du vieux démocrate Rosetti qui restera toute sa vie le disciple enflammé et aimé de Michelet et de Quinet, l'ancien apôtre du quartier Latin, l'indomptable champion de la liberté dans sa patrie et dans la nôtre. Partout où la fortune l'a conduit, il a joué les premiers rôles ; il est arrivé malgré lui aux dignités et aux honneurs, ou plutôt les honneurs ont fini par s'imposer à lui. Républicain convaincu et déclaré, il est le président de la Chambre roumaine, et le roi Charles professe une haute estime pour lui. On m'assure d'ailleurs que le fait n'a rien d'anormal dans ce pays de liberté et de sincérité excessive, que le roi compte un certain nombre de républicains dans sa maison civile et militaire, et qu'il n'en est pas moins fidèlement servi.

L'illustre président avait eu la bonté de venir au-devant de moi pour me conduire au château royal et me faire asseoir, quoique indigne, au banquet de gala. Mais un gala royal, même dans la montagne, commande une tenue que je n'avais point apportée dans ma valise; je me confondis donc en excuses et en remerciements et je gagnai avec mes compagnons de voyage l'hôtel de Sinaïa où il est permis de déjeuner. C'est qu'il y a deux hôtels dans la petite ville, un où l'on déjeune et un autre où l'on dîne. L'un des deux, paraît-il, le premier en date, appartient à un ancien serviteur de la maison royale. Lorsque son concurrent demanda la permission d'élever hôtel contre hôtel, l'autorité réserva les droits du premier occupant et l'on fit cette cote mal taillée qui nous paraîtrait singulière dans un pays moins neuf. C'est véritablement un monde à part que cette Roumanie. Les Turcs, qui ne l'ont jamais conquise, en tiraient un tribut modeste et un bakchisch exorbitant. Les gouverneurs ou hospodars chrétiens, choisis presque toujours parmi les Grecs du Phanar, achetaient jusqu'à six millions le droit d'exploiter le pays, et je vous laisse à penser si, une fois nommés, ils travaillent à se refaire. Le Divan révoquait souvent le titulaire au profit d'un plus riche ou plus généreux enchérisseur. La confiance des Turcs était si grande dans ces représentants de l'autorité, qu'ils obligeaient chaque hospodar à laisser son fils ou son frère en otage à Constantinople. Ce qui n'empêcha pas Michel Soutzo de lever, comme on dit, l'étendard de la révolte : il eut soin seulement de prévenir son frère qui était otage au Phanar et qui s'enfuit à la faveur d'une fête homérique, tandis que les ministres et la police soupaient chez lui. Oui, c'est un monde à part, même aujourd'hui que le moindre bourgeois de Bucarest parle français comme vous et moi et que l'enseignement est gratuit à tous les degrés dans les écoles du royaume. Ni la civilisation la plus raffinée ni l'instruction la plus philosophique n'ont encore eu raison du préjugé antisémitique, et ces fins Parisiens des bords du Danube s'imaginent encore que tout est permis contre les juifs. Leur Parlement n'a-t-il pas fait remise à tous les fonctionnaires et pensionnaires de l'Etat des dettes qu'ils avaient contractées en engageant leur revenu, sous prétexte que les prêts ne pouvaient qu'être usuraires, étant consentis par les juifs?

Notre déjeuner en plein air, sous la véranda de l'hôtel, est égayé par un orchestre de Tziganes dont le chef, un petit bonhomme nerveux, aux yeux d'escarboucle, marie sa voix légèrement voilée et d'autant plus pénétrante au son des instruments. Nous recevons des offres de services d'un marchand de tapis indigènes, assez hauts en couleurs, mais moins beaux et deux fois plus cher que les tapis de Caramanie. Deux ou trois paysannes viennent aussi nous présenter quelques étoffes et quelques broderies de leur façon. J'y constate avec effroi de mauvais tons rouges et des violets criards. Malheur à l'Orient, si ce grand coloriste laisse entrer chez lui l'aniline et la fuchsine! On me dit, pour me consoler, que plusieurs dames de Bucarest ont eu la généreuse idée de fournir des modèles aux brodeuses de la campagne et de s'employer au placement de leurs ouvrages. Hélas! puis-je oublier que les plus beaux châles de cachemire sont des chefs-d'œuvre de grands artistes qui ne savaient ni *a* ni *b*? Depuis que les marchands de nouveautés les font dessiner à Paris par des élèves de Cabanel, les poissardes elles-mêmes n'en veulent plus.

Comme nous prenions le café, un officier du palais est venu nous avertir que le roi et la reine voulaient nous voir et, qu'en dépit de l'étiquette, nous étions attendus là-haut dans nos costumes de voyage. Au même instant, la pluie, qui nous avait légèrement taquinés pendant deux heures, se met à tomber assez dru. Pas un fiacre à notre disposition dans ce lieu de plaisance. Il s'agit donc de faire une demi-lieue à pied, dans des sentiers de montagne, sous une nappe d'eau qui s'épaissit de minute en minute. Il est clair que nous arriverons tout mouillés, malgré nos parapluies, et quelque peu éclaboussés ; mais tant pis! nous partons gaiement à la queue leu-leu par la route des chèvres. En un quart d'heure, nous atteignons le monastère de Sinaï où le roi s'était fait une installation provisoire pour diriger la construction de son château. Cinq minutes après, nous découvrons au-dessus de nos têtes la silhouette élégante et bizarre d'un bâtiment comme nous n'en avons jamais vu que dans nos rêves ou dans les contes de fées illustrés. C'est un palais-chalet où l'archéologie la plus savante et la fantaisie la plus moderne semblent avoir jonglé avec le bois, le marbre, le verre et les métaux. Entre les tours et les tourelles qui poignardent la nue, on voit briller des uniformes sur les balcons couverts de vérandas. Chaque bouffée de vent nous apporte quelques lambeaux d'une musique militaire, et au milieu d'une future pelouse, dont le premier gazon verdira l'an prochain, un jet d'eau assez fort pour faire tourner un moulin s'élance à des hauteurs vertigineuses. Nous ne jouissons pas beaucoup du paysage, quoiqu'il soit merveilleux; c'est bien assez d'éviter des accidents ridicules sur un terrain détrempé où le pied manque à chaque pas. On dit que le terrain des cours est glissant: je ne l'ai jamais si bien vu. Enfin nous arrivons, et un bel officier (je n'en ai vu que de beaux en Roumanie) nous introduit tels que nous sommes, qui en veston, qui en redingote, les uns avec leur chapeau rond, les autres avec leur chapeau mou, M. de Blowitz en bandit calabrais. En déposant nos paletots et nos parapluies sous un vestibule splendide, nous aurions payé cher le coup de brosse d'un décrotteur; mais à la guerre comme à la guerre. Personne ne parut s'apercevoir que nous étions crottés comme des barbets. Nous fûmes introduits en pompe dans un salon éblouissant où tous les dignitaires du royaume, tous les hauts fonctionnaires, tous les ministres, sauf le président du conseil, M. Bratiano, absent pour cause de diplomatie, étalaient leurs plaques et leurs cordons. Un maître des cérémonies nous fit former le cercle et l'on nous présenta l'un après l'autre aux châtelains couronnés.

Le roi Charles est un homme de stature moyenne, de tempérament sec et nerveux, de tournure franchement militaire. Il a quarante-cinq ans, mais il ne porte pas son âge. Il parle le français sans accent; on assure qu'il possède à fond et qu'il écrit élégamment la langue roumaine. On dit aussi que ce prince de la maison des Hohenzollern s'est attaché de cœur à son pays d'adoption, et qu'il est aussi bon patriote en Roumanie que Bernadotte le fut en Suède. Ce que nous avons pu juger par nous-mêmes, c'est qu'il exerce avec un vrai talent, dans les réceptions officielles, le difficile métier de roi, trouvant un mot aimable pour chacun et s'efforçant de mettre ses interlocuteurs à l'aise. Le grand *interwiewer*, M. de Blowitz, prétend qu'il a été *interwiewé* par le roi et que Charles Ier lui a extrait son opinion sur la politique de l'Autriche.

Je ne dirai pas que la reine nous a plu, ce serait peu : elle nous a charmés tous tant que nous étions, Français, Belges et étrangers. C'est une grande et belle personne, au profil grec, aux yeux superbes, aux dents éblouissantes, à la physionomie noble et gracieuse. On sait qu'elle est artiste et lettrée et qu'elle a publié en français un livre dont Louis Ulbach a revu les épreuves. Elle paraît avoir gardé un goût très vif pour notre nation, quoique M. Camille Barrère, à la conférence de Londres, ait tout fait pour nous aliéner le peuple et le gouvernement de Roumanie. La reine et ses dames d'honneur, avec qui j'ai eu la bonne fortune de m'entretenir un instant, portaient le costume national. Il est, à mon avis, plutôt grec que romain, mais il est à coup sûr antique, car il se compose essentiellement de la tunique, du peplum et du voile. Le fond est toujours blanc, rehaussé par des broderies dont la couleur et le dessin varient à l'infini, mais sans que la décoration la plus riche dénature la simplicité grandiose du motif.

Les compliments échangés, le roi nous invita

à parcourir les appartements de ce palais probablement unique au monde non seulement par la situation et par le style, mais parce qu'il est l'œuvre d'un architecte couronné. L'intérieur et l'ameublement sont d'un goût plus original que classique, mais généralement heureux. On a fait une véritable débauche de boiseries; quelques salles, et non pas des plus petites, sont ouvragées du haut en bas comme un bahut de la Renaissance. Il paraît que le roi a mis la main sur un de ces artistes modestes et désintéressés qui s'enferment dans leur travail comme le moine dans son cloître. Je n'en connais plus guère; et vous?

Une autre particularité de la construction, c'est le soin qu'on a pris d'ouvrir les principales baies sur les points de vue les plus beaux; et il y en a d'admirables. Les torrents, les rochers, les grands arbres deux ou trois fois centenaires, les vallons où l'eau des sources claires entretient une fraîcheur perpétuelle, forment un panorama varié que nous voyons maintenant tout à l'aise, car chaque fenêtre est le cadre d'un tableau.

Nous pensions qu'il ne nous restait plus qu'à prendre congé de nos très gracieux hôtes, lorsqu'on nous fit entrer dans un salon presque aussi grand et aussi haut qu'une église, et l'on nous invita à nous asseoir dans des stalles de bois sculpté, comme des chanoines au chœur. Nous étions dans la salle de musique. Une jeune Roumaine de bonne famille qui a brillamment débuté à l'Opéra de Madrid et qui, m'assure-t-on, est engagée à Nice, chantait au piano et la reine l'accompagnait. O vénérable baronne de Pluskow, grande-maîtresse du palais d'Athènes sous le règne du pauvre Othon, que dirait votre ombre pointue si elle voyait traiter si familièrement la sacro-sainte étiquette des cours? Vous relèveriez votre noble vertugadin pour voiler votre visage solennel si vous entendiez cette foule d'intrus malotrus applaudir sans façon, comme dans un salon vulgaire, le chant qui est très beau et l'accompagnement qui est parfait. Mais ce sera bien pis dans un instant : la reine n'est plus au piano; elle a cédé la place à une demoiselle d'honneur et, assise dans un grand fauteuil, elle écoute. Tout à coup elle s'aperçoit qu'il y a une page à tourner : Sa Majesté se lève et va, de ses augustes mains, tourner la page. Pauvre étiquette!

On me raconte qu'elle a reçu des atteintes plus rudes encore pendant la guerre des Balkans, lorsque la reine était aux ambulances et qu'elle pansait jour et nuit de malheureux soldats blessés qui n'avaient pas même été présentés à la cour.

Le petit concert achevé, on nous invite à prendre le thé dans une salle à manger monumentale où l'on vient d'allumer pour la première fois les bougies. Le problème de l'éclairage dans un bâtiment aussi vaste est assez sérieux; je ne crois pas qu'il soit encore définitivement résolu : mais j'incline à penser que la lumière électrique aura le dernier mot ici, et peut-être dans toute la Roumanie. La reine nous fait voir un procès-verbal de la fête écrit et illustré par elle-même sur une grande feuille de vélin, dans la forme et dans le goût des manuscrits du moyen âge. La principale façade du château y est vivement esquissée en camaïeu entre deux quatrains commémoratifs dont l'un est de M. Alexandri, le grand poète de la Roumanie, l'autre de la reine elle-même, qui a daigné nous les traduire tous les deux. Il commençait à se faire tard lorsque le roi et la reine, après un dernier cercle, nous permirent de prendre congé. Toute la bande se précipita en masse vers l'escalier d'honneur, où un bon domestique, qui nous prenait sans doute pour des ouvriers du château, nous arrêta poliment. Il nous mena lui-même par de jolis petits couloirs jusqu'à un escalier de service qui nous mit dans la cour, juste sous une gouttière. Or il pleuvait comme en Bretagne et nous avions laissé nos paletots et nos parapluies au bas du grand escalier. Il fallut donc retourner sur nos pas, puis retrousser nos pantalons, puis revenir sous les ondées, de flaque en flaque, à la gare où notre train nous attendait. Chemin faisant, la nature nous offrit, elle aussi, un curieux spectacle : le rideau de montagnes qui fermait l'horizon derrière nous changea subitement de couleur : il était noir, il devint blanc dans l'espace de quelques minutes; c'était la première neige de la saison.

Nous ne rentrons pas seuls à Bucarest; outre mon jeune confrère Frédéric Damé, le général Falcoïano, directeur général des chemins de fer, et le colonel Candiano Popesco, aide de camp du roi, s'en viennent dîner avec nous. Le colonel, dont la physionomie martiale et l'esprit pétillant me rappellent un peu le général Lambert, s'est couvert de gloire à Plewna. C'est un chaud patriote, un libéral fougueux et un poète de talent, m'a-t-on dit. De quoi parlerait-on avec deux militaires distingués, sinon de la guerre? De la guerre d'hier et de celle qui peut-être s'allumera demain. Ces messieurs nous parlent des Turcs, leurs anciens ennemis, avec une profonde estime. Ils admirent de bonne foi ce pauvre soldat musulman qui a tant de courage et si peu de besoins. Ils parlent très modestement d'eux-mêmes, mais ils ont une légitime confiance dans la valeur physique et morale de leurs hommes, et ils envisagent stoïquement l'avenir qui n'est pas rose, vu d'ici. La diplomatie a beaucoup créé dans ces derniers temps, mais elle n'a rien organisé. Elle a constitué deux royaumes indépendants qui dépendent l'un et l'autre de leur puissant voisin, l'empire austro-hongrois; nous voyons en revanche deux principautés vassales de la Porte se livrer plus ou moins spontanément à la Russie. On a cédé beaucoup à la Grèce, mais on ne l'a ni contentée ni désarmée; on a donné aux Roumains la Dobrudja, mais on leur a pris la Bessarabie; la Dobrudja vaut la Bessarabie; peut-être même se vendrait-elle plus cher dans une étude de notaire, mais le patriotisme calcule-t-il ainsi? Quand le traité de Francfort nous a violemment arraché l'Alsace et la Lorraine, nous eût-on consolés en nous octroyant la Belgique? Aux yeux de l'optimisme le plus résolu, tous les pays détachés de la Turquie sont un terrain d'intrigue qui peut redevenir en peu de jours un champ de bataille; la Russie et l'Autriche s'y disputent la prépondérance, y sèment l'or à pleines mains, y font travailler l'opinion par leurs agents les plus habiles. Dirons-nous qu'elles y préparent la lutte ouverte à bref délai? Ce serait peut-être beaucoup, mais les peuples pas plus que les hommes n'échappent à leurs destinées et les deux grandes puissances orientales de l'Europe doivent se heurter tôt ou tard dans les plaines que nous parcourons si gaiement. Des flots de sang rougiront encore ce vieux Danube limoneux; la lutte qu'on ne saurait éviter sera d'autant plus formidable que l'Allemagne a promis son concours à l'Autriche et que la Turquie n'est ni morte ni résignée à se laisser mourir. Que deviendront, au jour de la tempête, les petits États mis au monde par le traité de Berlin? La Roumanie est décidée à vivre; elle ne fera pas bon marché de son autonomie. Mais elle a des revenus terriblement limités; son budget de cent vingt millions suffirait à peine à l'entretien de l'armée. Il faut pourtant alimenter tant bien que mal les autres services publics; les ministres se contentent de douze cents francs par mois; le préfet de police de Bucarest en a sept cents, tout juste assez pour payer la location d'une voiture; les sous-préfets, deux cent cinquante, chiffre peu rassurant au point de vue de la moralité administrative. Le roi m'a conté tout à l'heure qu'il avait fait venir de France en consultation un forestier consommé et qu'il n'épargnerait aucun effort pour reboiser le pays. Mais, avant de planter un seul arbre, il faudrait protéger contre la main des hommes et la dent des troupeaux les arbres tout venus qui ne demandent qu'à vivre; et malheureusement le garde forestier et le garde champêtre manquent partout.

Bah! qui vivra verra! Nous approchons de

Bucarest, nous faisons un bout de toilette, et, vers dix heures du soir, quelques bons fiacres découverts attelés de chevaux endiablés nous emportent le long d'une rue interminable, bordée de maisons assez basses, très propres et généralement neuves, jusqu'au restaurant à la mode. On nous y sert un excellent souper où l'esturgeon remplit avec succès le rôle principal. Je croyais aimer le caviar frais, mais je ne le connaissais que de réputation. Quant au sterlet, qui n'est autre chose que l'esturgeon dans l'âge tendre, je vous souhaite, ami lecteur, de le goûter une fois au naturel comme on nous l'a servi, sans ail, sans paprika, sans aucun de ces condiments féroces dont la cuisine hongroise a coutume de l'empoisonner sous prétexte de le rendre meilleur. M. Campineano, ministre de l'agriculture, et l'un des hommes les plus distingués du royaume, présidait le repas, qui fut très gai, arrosé de vins excellents et couronné d'une demi-douzaine de toasts que je me ferais un plaisir de citer si nous avions eu derrière nous un sténographe. Le bon Damé me reconduisit à la gare après minuit; je m'endormis avec délices; je rêvais que le train, parti de Paris vingt-quatre heures après nous, se faisait attacher au nôtre, qu'on donnait le signal du départ et qu'en une heure et quelques minutes nous arrivions à la frontière de Roumanie. Et comme le songe et la réalité ne faisaient qu'un dans ce miraculeux voyage, il se trouvait que j'avais rêvé juste, car à six heures trois quarts nous mettions pied à terre à Giurgewo, et nous n'avions que le Danube à traverser pour entrer dans la Bulgarie par Roustschouk.

IV

Un savant ingénieur de la Compagnie du Nord, M. David Banderali, qui est par surcroît un artiste et un écrivain distingué, a publié le 18 mars de cette année, sous prétexte de conférence, une étude vraiment originale, intitulée les *Trains express en* 1883. Parmi les idées neuves qui abondent dans son beau travail, il en est une qui m'a surtout frappé par le sérieux du fond et le pittoresque de la forme. La voici : « Le point de départ de l'établissement du matériel à voyageurs a été différent en Amérique et en Europe. En Europe, nous sommes partis de la simple chaise à porteurs que nous avons placée sur des roues, et dont nous avons fait peu à peu la diligence et la voiture de chemin de fer. En

Amérique, le point de départ est tout opposé. L'Américain a pris sa maison, l'a réduite aux proportions strictement nécessaires pour la faire circuler sur les voies ferrées, et l'a mise sur des roues. »

Je n'ai jamais si bien senti la justesse de cette observation qu'à Giurgewo, en quittant notre hôtellerie mobile et les serviteurs bien stylés qui nous avaient suivis jusque-là. L'homme est un animal casanier; il veut être chez lui, même en voyage. Il y a quinze ans, les matelas de coton bien tassé sur lesquels on repose dans les hôtels du Caire m'avaient paru bien durs au premier choc; je les trouvai délicieux après un mois de navigation dans la Haute-Égypte, et mes compagnons de voyage s'écrièrent aussi en apercevant notre auberge sous les grands mimosas de l'Esbekieh : « Nous voilà donc chez nous ! » Eh bien! je n'étais plus chez moi, mais plus du tout, lorsque je mis pied à terre en plein champ devant la berge fangeuse et délabrée du Danube; et au moment où vingt portefaix s'emparèrent de notre bagage, pour le transporter au bateau, je sentis vaguement la terre manquer sous mes pas.

Au demeurant, si l'embarcadère de vieux bois mal équarri et fort usé n'était pas des plus confortables, le petit vapeur matinal qui nous conduisit à Roustschouk en moins d'une demi-heure était assez hospitalier; le capitaine avait une bonne grosse figure; le sommelier du bord servait infatigablement ses petites tasses d'excellent café à la turque, et le valet de chambre de M. Nagelmackers débouchait une vingtaine de bouteilles empruntées pour la circonstance à la cave des wagons-lits. Nous avions fait, d'ailleurs, sur la chaussée de terre qui deviendra plus tard un quai, une ample provision des bons raisins de Roumanie.

Notre débarquement fut un peu retardé par l'escale d'un de ces grands bateaux autrichiens qui ressemblent à des arches de Noé, et qui feront encore assez longtemps concurrence aux chemins de fer entre la basse Hongrie et les bouches du Danube. Le fleuve qu'on a mis en valse était très plein, assez rapide et fauve comme le Nil à Boulaq dans la saison des hautes eaux.

Je ne dirai rien de la gare de Roustschouk,

sinon que cette tête de ligne ferait médiocre figure dans un village des Landes. Arrivés à huit heures, nous devions monter en wagon à neuf heures et demie; je pus donc prendre avec deux ou trois compagnons un des grands fiacres découverts et disloqués dont les cochers, vêtus comme les compagnons du *Roi des montagnes*, et les chevaux échevelés comme des coursiers de ballade, nous offraient leur service en criant ou hennissant des mots inconnus. J'ai donc vu Roustschouk, c'est-à-dire une agglomération de plâtras alignés tant bien que mal le long de rues invraisemblables, où la pelle et le balai feront sensation s'ils ont jamais la fantaisie de venir s'y promener comme nous. L'affreux Pirée, tel qu'il m'est apparu en février 1852, est un Versailles en comparaison de Roustschouk. Pauvres Bulgares! Vous souvient-il du temps où l'Europe s'intéressait si chaudement à leur sort? Je vois encore MM. Jankolof et Geschof, les jeunes et intelligents délégués qui vinrent à Paris solliciter l'appui moral de Gambetta. Ils me firent l'honneur de s'adresser à moi pour obtenir une entrevue avec l'illustre patriote, et ils le rencontrèrent à ma table, sous les ombrages de Malabri. Gambetta n'avait pas d'armée à leur offrir et il craignait de les voir s'engager dans une aventure.

« Quel est exactement, leur disait-il, l'état de vos forces ? »

Ils répondaient :

« Nous n'en avons point.

— Pas même une garde nationale ?

— Pas même. Nous n'avons que les sociétés de gymnastique.

— Armées ?

— A peine.

— Exercées ?

— Un peu.

— Mais, mes pauvres enfants, vous serez écrasés !

— Sans nul doute ; et pourtant nous nous soulèverons.

— Pourquoi donc ?

— Il le faut. »

Nous n'en pûmes tirer d'autres réponses ; on eût dit que la contagion du fatalisme musulman les avait gagnés.

Ils s'insurgèrent, comme ils nous l'avaient dit, et furent écrasés, comme Gambetta le leur avait prédit. Leur sang coula à flots jusqu'au jour où la Russie sentit qu'elle devait les secourir comme Slaves et comme orthodoxes. Elle fit la guerre pour eux, une guerre sentimentale et politique à la fois qui l'avança d'une grande étape dans sa marche sur Constantinople.

Cette histoire, qui date d'hier, me revient en esprit quand mon fiacre débouche sur une place beaucoup plus pittoresque que pavée, où quelques centaines de Bulgares font l'exercice sous le commandement d'officiers russes. Tout juste devant nous, au milieu des masures, s'élèvent les constructions d'un palais inachevé. C'est une des futures résidences du prince régnant, Alexandre de Battenberg. On dit que ce jeune homme de noble sang faisait assez activement la fête, lorsque son grand patron et son parent, l'empereur de Russie, le plaça sur un trône pour l'empêcher de courir. On dit aussi que le sentiment du devoir professionnel, concurremment avec l'instinct de conservation personnelle, l'a rendu presque aussi bon Bulgare que le roi Charles de Hohenzollern Sigmaringen est devenu bon Roumain. Il s'émanciperait volontiers des tuteurs à la main pesante que la Russie lui a imposés et que son peuple supporte impatiemment comme lui; peut-être même irait-il jusqu'à secouer le protectorat de la Russie, mais ses sujets ne le suivraient sans doute pas aussi loin, car les Bulgares sont accoutumés à voir dans l'empereur de Russie un libérateur, un pape et un père.

Il y a très probablement dans ce pays des villes autrement bâties et autrement peuplées que Roustschouk, mais je n'en parlerai pas *de visu*, car le grand financier qui a construit le chemin de Roustschouk à Varna les a soigneusement évitées. Lorsque le pauvre Abdul-Azis commanda le réseau des chemins turcs, au prix de deux cent cinquante mille francs le kilomètre, il oublia entre autres choses de dire dans le cahier des charges que ces chemins desserviraient les villes du pays, et le concessionnaire, exclusivement appliqué à faire du kilomètre, comme certains clercs d'avoués font du rôle, suit respectueusement les profils du terrain, évite les travaux d'art et passe à vingt-cinq kilomètres de Schoumla sans retourner la tête. Les Bulgares ont hérité de ce chemin tel quel, et je doute qu'ils songent à l'améliorer de sitôt. Ce pauvre peuple n'a d'argent pour rien, pas même pour niveler autour de Roustschouk les retranchements qu'on y avait improvisés pour la guerre, pas même pour améliorer le port de Varna, qui est le plus inhospitalier de l'Europe. La route que nous parcourons en sept heures de train express ne longe que des forêts dévastées, réduites à l'état de maigre taillis, et des steppes où la culture apparaît de distance en distance comme un accident heureux. De loin en loin, quelques masures, construites en pisé et couvertes en chaume, nous montrent un simulacre de village. Quelques rares troupeaux de buffles et de bœufs vaguent, sans gardien, à travers le bois ou la plaine, et viennent camper sur la voie que nulle barrière ne défend. Notre machine les éveille à coups de sifflet; elle est d'ailleurs munie à leur intention d'un large chasse-pierre à claire-voie construit en barres de fer assez solides et assez fortement liées entre elles pour balayer un bœuf.

Le malheur de la Bulgarie et de bien d'autres pays en Orient c'est que, durant une longue suite de siècles, tous les fruits du labeur humain en ont été emportés au fur et à mesure de la production et consommés à l'étranger. Rappelez-vous la doléance de ce paysan du Danube qui vint à Rome sous Marc-Aurèle protester devant le Sénat :

Rien ne suffit aux gens qui nous viennent de Rome;
    La terre et le travail de l'homme
Font pour les assouvir des efforts superflus.
    Retirez-les : on ne veut plus
    Cultiver pour eux les campagnes.

On ne le voulait plus et l'on avait raison, mais on a continué à travailler pour les Romains, puis pour les Grecs, puis pour les Turcs.

C'est l'histoire toujours vieille et toujours nouvelle.

Nous voyons à chaque station des quantités de blé que les indigènes vannent, criblent et amoncellent en larges tas. Où ira-t-il, ce blé, et surtout qu'est-ce que les producteurs recevront en échange? En restera-t-il quelque chose dans le pays, maintenant que la Bulgarie est une principauté indépendante ou peu s'en faut? Le régime de la propriété est encore très primitif : sauf quelques rares exceptions, la terre appartient à l'État ou aux communes, qui prêtent au paysan ce qu'il veut et peut cultiver. Le Bulgare laboure, sème, moissonne et paye la dîme pour solde de tout compte. Dans ces conditions, il me semble qu'on pourrait vivre et même avec le temps amasser quelque chose ; mais le capital fait défaut. Il faudrait que des colons étrangers vinssent apporter leur argent, leurs instruments de travail, leurs procédés de culture. Reste à savoir s'ils seraient bien accueillis, et l'on m'assure que non. D'ailleurs la sécurité des campagnes est presque nulle. Deux stations ont été pillées depuis une quinzaine, un chef de gare blessé grièvement à la tête et au bras, la recette enlevée, les dépôts de marchandises, établis par quelques particuliers sur la voie, dévalisés. On nous dit que la saison du brigandage tire à sa fin, car, après la chute des feuilles, les taillis dépouillés n'offriront plus que des refuges percés à jour. La tactique des malfaiteurs consiste à envahir les gares après le passage du dernier train, et il en passe deux en vingt-quatre heures. Ils prennent d'abord ce qu'ils trouvent, ensuite ils mettent les employés à la torture pour se faire donner l'argent caché. Ceux qui ont fait le dernier coup, à Vetova, étaient vêtus en Turcs, ce qui ne prouve pas grand'chose; les écumeurs de la frontière grecque ont de tout temps emprunté le même déguisement. Je demande à M. Wiener, qui est chez lui sur cette ligne, comme secrétaire général de la Société d'exploitation, si les blessés et les volés ont quelques chances d'obtenir justice; il n'ose pas répondre affirmativement. Tout récemment encore, on a volé quinze rails sur la voie; on les a fait entrer dans la construction d'une maison de Varna; les voleurs ou tout au moins les receleurs ont été pris la main dans le sac; mais la justice du pays les a laissés tranquilles. Question de patriotisme. Les Bulgares ne se condamnent pas entre eux. Ils devraient cependant quelques égards à une Compagnie dont le personnel cosmopolite leur a fourni un ministre, un président de cour et un juge, ancien bourrelier des chemins de fer orientaux. L'inspecteur général, qui nous fait compagnie depuis Roustschouk jusqu'à Varna, est un Français du meilleur monde, jeté dans ces pays perdus par je ne sais quel caprice du sort. M. de Gisors, c'est son nom, ferait assurément bonne figure dans le conseil du prince Alexandre; mais peut-être aimerait-il mieux sa mie au gué! Les ministres de Bulgarie sont payés quinze mille francs par an.

Nous déjeunons à la station de Scheytandjik (en turc : petit diable). On nous y sert des perdreaux que le grand diable lui-même ne saurait pas découper, arrosés d'un vin de pays qui ne vaut pas le diable. Mais comme il est une heure et quart et que nous mourons de faim, nous dévorons un simple rôti d'oie, de grosses pâtisseries à la turque et une compote de pêches piquées d'amandes et baignées dans un sirop qui sent la rose à plein nez. Voilà qui est mauvais! pensez-vous. Eh bien! non!

La voie traverse sans façon deux ou trois cimetières turcs dont les stèles déjetées, frustes ou brisées, nous feraient croire à un abandon séculaire, d'autant plus qu'il n'y reste pas un cyprès, pas un seul de ces arbres dont les musulmans ont coutume d'ombrager le champ de leurs morts. Cette désolation funèbre me fait penser naturellement aux vivants. Que deviendront les Turcs en Bulgarie? Le culte, la loi, les mœurs, l'organisation de la famille, tout contribue à faire des musulmans un peuple à part qui ne peut guère vivre au milieu des chrétiens qu'à la condition d'y vivre en maître. L'histoire de l'Algérie française depuis cinquante-trois ans semble démentir cette thèse; mais, notre politique et notre tolérance y ont créé au profit des Arabes un *modus vivendi* non seulement acceptable, mais honorable; sans quoi une population fière et vaillante et dix fois plus nombreuse que nous dans son propre pays se serait fait tuer jusqu'au dernier homme ou nous aurait exterminés. Il en va tout autrement dans les pays où les Turcs sont en minorité au milieu de raïas affranchis de la veille, animés de ressentiments séculaires, ignorants et fanatiques pour la plupart. Les sacrifices que l'empire ottoman s'est imposés coup sur coup ont laissé les Turcs de la Grèce, de la Serbie, de la Roumanie et de la Bulgarie dans une situation intolérable, qui les contraindra tous à s'expatrier tôt ou tard. Des malheureux, des innocents expient ainsi douloureusement les violences de leurs ancêtres. Et nous, Français des provinces de l'Est, nous dont le cœur saigne encore des abominations de la conquête, comment resterions-nous insensibles à leurs malheurs? Notre justice et notre humanité sont mises tous les jours à d'étranges épreuves par cette liquidation européenne qui vient de commencer sous nos yeux : d'un côté, la ruine et la désolation des anciennes provinces turques nous portent à maudire un régime qui dévastait et stérilisait tout; de l'autre, il est bien malaisé d'applaudir la réparation de l'injustice par l'injustice et l'expulsion d'une barbarie par une autre.

Après la station de Schoumla, qui est à cinq ou six lieues de Schoumla, et que les constructeurs de la voie ont baptisée du nom de Schoumla-Road, une petite oasis de choux verts, grande comme un jardin de curé, nous révèle une heureuse modification dans le sol et dans la culture.

Cela ne nous mènera pas loin, nous verrons encore longtemps des plaines en friche et des collines effrayantes de calvitie ; mais, après tout ce que nous avons vu dans la journée, c'est une joie que de découvrir un filet d'eau sale qui serpente languissamment dans un ravin. L'eau ne tardera pas à se montrer en abondance ; nous allons traverser de vastes étendues de roseaux, longer des étangs fabuleux dont un seul, à droite du train, a dix-sept kilomètres de long, et c'est ainsi que nous arriverons à la triste bicoque de Varna. Nous en avons aperçu juste assez pour n'être pas tentés d'en admirer davantage. L'essentiel, pour nous, c'est d'apprendre qu'on peut s'embarquer, ce qui n'arrive pas tous les jours. M. de Gisors nous avait annoncé à mi-chemin que la mer Noire serait mauvaise ; aux dernières nouvelles, elle est passable, et l'accueil qu'elle nous fait pourrait être plus rébarbatif.

Il suffirait de quelques millions pour transformer la méchante rade de Varna en un port vraiment confortable ; mais ces millions, la pauvre Bulgarie ne les a pas, et qui peut dire si elle les aura jamais ? Tout l'effort du gouvernement s'est réduit à construire un mauvais embarcadère pour les canots sur un récif incessamment battu par la vague; et, pour s'indemniser de ce grand sacrifice, il a frappé d'un droit de demi pour cent *ad valorem* tous les colis qui débarquent ici. C'est pourquoi les bateaux marchands, quand la chose leur est possible, ne manquent pas d'aller chercher un port en Roumanie, soit Kustendjé, soit Galatz, soit Braïla. Quant à nous, grâce au talisman que M. Nagelmackers tient en poche, nous n'avons eu affaire à la douane qu'une fois dans la gare française d'Avricourt, où un employé supérieur, charmant homme, voulut absolument se faire présenter à nous. J'ai abusé de cette immunité pour introduire en fraude vingt cigarettes de tabac turc.

Cinq ou six grosses barques, manœuvrées vigoureusement par des Grecs, nous chargent avec nos bagages et nous voiturent sur la mer houleuse, jusqu'au bateau du Lloyd, l'*Espero*, où l'on a retenu les meilleures chambres pour nous. J'aurai le plaisir de coucher sur la tête de M. Regray, ingénieur en chef au chemin de fer de l'Est. Tout va bien : il est bon compagnon et à l'épreuve du mal de mer. Un homme heureux dans ce quart d'heure solennel de l'embarquement sur la mer Noire, c'est le docteur Harzé, de Liège, médecin de la Compagnie des wagons-lits et de la légation belge à Paris, voyageur acharné, qui va souvent à Rome fraterniser avec les jeunes artistes de notre Académie et qui, dans sa fureur de déplacements et villégiatures, est venu jusqu'à Metz en 1870 donner ses soins à nos blessés. Il s'était promis, en partant, de nous guérir tous à la file, et il en était, ma foi, bien capable, car il a autant de savoir que d'entrain. Nous avons voyagé si vite et nous nous sommes tellement amusés, que nul de nous n'a trouvé le temps d'être malade. Tout cela va changer, Dieu merci! Mais, hélas! cher docteur, il n'y a point de félicité parfaite en ce bas monde! Le mal qui nous menace est de ceux que la médecine fut toujours impuissante à guérir.

Nous profitons des dernières lueurs du jour pour faire connaissance avec le paysage, qui n'est pas beau, et avec notre nouveau domicile. La côte paraît triste et nue et la végétation misérable. Deux forts perchés sur deux hautes collines protègent la rade et la ville. Nous n'avons vu d'un peu original en quittant la terre qu'un campement de bestiaux de toute sorte, bœufs, buffles, chevaux, porcs et brebis, couchés ou debout, pêle-mêle, au bord de la mer, dans un enclos pavé de boue qui doit être la salle d'attente des animaux. Notre navire est bondé de voyageurs, de pauvres gens surtout, de paysans turcs émigrés qui ont quitté la Bulgarie avec leurs femmes et leurs enfants. Depuis l'avant jusqu'à l'escalier du roufle, le pont est encombré de costumes très pittoresques dans leur délabrement, de physionomies fières et nobles dans leur tristesse résignée. J'assiste à la toilette de deux bébés que leur mère arrose d'eau pure, à pleine aiguière, avant de les étendre parallèlement, sous le ciel, entre deux couvertures piquées. A quelques pas plus loin, un murmure de voix sortant d'un large trou carré me fait découvrir dans l'entrepont toute une population de femmes et d'enfants accroupis et serrés les uns contre les autres. De cette lamentable agglomération s'élève une odeur fade d'air désoxygéné. Ces malheureuses et ces innocents vont passer quatorze heures dans ce trou, plus mal logés que le troupeau de moutons qui tient compagnie à nos colis dans la cale des marchandises. Et comment vivront-ils demain? Quel est le morceau de pain qui les attend dans la capitale des croyants? Voilà l'envers de l'émancipation des raïas, le contre-coup des grands événements qui ont affranchi les chrétiens dans la presqu'île des Balkans. Mais la cloche du bord annonce notre dîner, et nous courons nous entasser dans une salle à manger assez basse, comme de raison, et éclairée au pétrole. Dans ces conditions, la mer n'a pas besoin de s'agiter beaucoup pour mettre à mal les estomacs susceptibles : la chaleur et l'odeur suffisent grandement. Aussi voyons-nous en moins d'un quart d'heure nos rangs fort éclaircis et les assiettes délaissées dans les proportions d'une sur deux. Quelques-uns de nos compagnons se rétablissent au grand air sur le pont; beaucoup d'autres ont piqué une tête au fond de leur cabine et ne reparaîtront plus avant le jour. Pendant ce temps, le navire fait bonne route; ces bâtiments du Lloyd sont bien construits, sans excès d'élégance ni de confort, et commandés par les meilleurs marins des rives de l'Adriatique. J'ai pris le thé jusqu'à minuit, en fumant force cigarettes, avec M. Berthier, le plus joli causeur et le plus fin Parisien qui ait jamais présidé le tribunal de commerce, puis je me suis couché en enjambant M. Regray, et j'ai si bien dormi que mon camarade de chambre a dû me secouer en criant : « Mais levez-vous donc ! Il fait jour, et nous sommes dans le Bosphore ! »

V

En effet, nous étions à l'entrée du Bosphore. La prudence du gouvernement turc en interdit l'accès même aux bâtiments de commerce depuis le crépuscule jusqu'au lever du soleil. Mais le soleil s'était levé avant moi, les formalités de police et de santé étaient remplies ; déjà notre aimable Missak-Effendi s'était fait débarquer sur la côte de Thrace, où sa famille l'attendait pour quatre jours après quatre ans d'absence. Déjà nous avions embarqué le drogman et un conseiller de la légation belge, ainsi que M. Weil, inspecteur général des agences de la Compagnie Nagelmackers. Ce jeune Français, décoré comme officier en 1871, s'était chargé obligeamment de préparer notre séjour, d'organiser nos promenades, d'obtenir les firmans, de faire les logements à l'hôtel. Et il s'était acquitté de sa tâche avec tant de zèle et d'esprit, que nous n'eûmes, pour ainsi dire, qu'à nous laisser vivre, car les spectacles et les plaisirs vinrent spontanément à nous, sans nous donner le temps de désirer la moindre chose.

Nous trouvons maintenant que l'*Espero* marche trop vite : ce ne serait pas trop d'une demi-journée pour détailler les deux panoramas qui se déroulent simultanément sous nos yeux. Ce profond et rapide canal d'eau presque douce, qui emporte à la mer de Marmara le large tribut du Danube, du Don, du Dniester, du Dnieper et des cinq ou six autres fleuves de la mer Noire, tient une place énorme dans l'histoire du genre humain. Il a eu pour marraine une maîtresse de Jupiter, la belle Europe, qui le traversa à cheval ou, pour parler correctement, à taureau, sur la croupe du maître des dieux. Que d'autres aventures depuis celle-là, jusqu'à la fanfaronnade de lord Byron nageant vers la tour de Léandre! Ici, l'histoire est aussi merveilleuse que la légende : rappelez-vous le passage de Darius, le pont de bateaux de Xerxès, la mer fouettée de verges par ce grand fou qui tomba amoureux d'un platane et lui donna plus de bijoux que jamais financier n'en promit à une danseuse de l'Opéra. Les barbares, les demi-barbares et les civilisés, les païens et les chrétiens, les orthodoxes, les schismatiques, les musulmans, se sont donné rendez-vous dans ce champ clos pendant plus de deux mille ans pour disputer l'empire du monde. Et tout n'est pas fini, puisque Constantinople est le centre autour duquel gravite depuis un siècle au moins la politique européenne.

Quoique la ville ne compte pas, selon toute apparence, un million d'habitants, elle s'étend par ses faubourgs depuis l'entrée de la mer Noire jusqu'à la mer de Marmara, sur toute la rive d'Europe, sans parler de Scutari et de cette banlieue asiatique qui va de Béicos à Kadikeui. Il est vrai d'ajouter que les magnificences de ces bords enchantés sont presque toutes en façade. Les palais, les villas, les kiosques, s'étalent à nos yeux comme un décor de théâtre derrière lequel on ne trouve souvent que des montagnes et des ravins. Des bâtiments de grande apparence ne sont que des chalets peints en pierre, comme l'ambassade de France à Thérapia. Le sultan qui en fit largesse à Napoléon Ier n'avait certes pas lésiné sur la dépense; mais l'humidité du détroit est si pénétrante en hiver qu'elle démolirait les murailles les plus solides; les cloisons lui résistent mieux. Cependant le bois peint se désagrège avec le temps. Nous remarquons beaucoup d'habitations en ruines que l'on ne songe pas à réparer, soit que le propriétaire ait éprouvé des revers de fortune, soit qu'il ait eu la fantaisie de porter ses pénates ailleurs. Les lieux communs qui se débitent encore de temps en temps sur les Turcs campés en Europe prennent ici une apparence de vérité. Les Arméniens, les Grecs, les Francs, les Turcs surtout, lorsqu'ils étaient maîtres de l'Orient, ont fait ici, pour leur plaisir ou pour leur vanité, des dépenses incalculables. Un seul kiosque, construit sur la rive d'Asie et offert au sultan par Méhémet-Ali, a coûté six millions de francs; il est abandonné depuis longtemps et tombe en ruines. Le khédive Ismaïl-Pacha s'est fait bâtir ici une résidence royale, entourée de jardins comme on n'en voit que dans les *Mille et une Nuits* ou dans le service de M. Alphand à Paris; l'ancien sultan Mourad est confiné à Tchéragan, dans un palais immense, et l'empereur régnant Abd-ul-Hamid logerait aisément dix mille hommes derrière les façades marmoréennes et les énormes grilles dorées de Dolma-Bagtché. Eh bien, faut-il vous l'avouer? ce que j'ai aperçu de plus beau sur la rive d'Europe, c'est un ouvrage militaire du xve siècle, Rouméli-Hissar, élevé par Mahomet II.

Un jeune passager arménien qui a appris le français à Constantinople, et qui par conséquent le parle bien, nous a fait les honneurs du Bosphore depuis Bujukdéré jusqu'à Top-Hané. Nous avons mesuré en passant la profondeur du canal, grâce à un paquebot des Messageries françaises, la *Provence*, qui a été coulé à pic et qui élève hors de l'eau juste la pointe de son grand mât. L'*Espero* stoppe, les embarcations nous abordent, les interprètes nous envahissent; il ne nous reste plus qu'à descendre, mais nous ne sommes pas pressés, car ce qu'il y a de plus beau dans cette ville, je le sais par expérience, c'est le premier coup d'œil, le profil des collines, la découpure des dômes et des minarets sur le ciel, la couleur chaude et variée des édifices petits et grands, le va-et-vient des navires et des caïques sur le Bosphore et dans la Corne-d'Or, la merveilleuse diversité des types et des costumes. Le voyageur assez heureux ou assez courageux pour s'en tenir à la première impression, s'extasier franchement un quart d'heure et retourner chez lui sans demander son reste, ne ferait pas un mauvais calcul. Mais la *Mouche* du Lloyd qu'on a mise obligeamment à notre service est déjà lestée des bagages. Éveillons-nous d'un trop beau rêve ; allons perdre nos illusions.

Grâce à la qualité officielle de M. Olin, qui doit nous attirer des faveurs de toute sorte, nous débarquons à la grille de Top-Hané, qui est la fonderie impériale des canons. Huit ou dix landaus de grande remise, à cochers galonnés, nous attendent avec les interprètes sur le siège ; nos bagages suivront sur le dos des *hammals* ou portefaix turcs, qui sont les plus honnêtes gens du monde. Et nous voilà galopant en file in-

dienne sur le pavé capricieux et dans la boue
gluante de Galata, le long des boucheries, des
cafés, des gargotes, des épiceries ou *baccals*,
dont la seule odeur fournirait douze chapitres à
M. Zola, des boutiques de fruitiers admirables
où resplendissent l'or des raisins, le corail des
piments, la pourpre des tomates, le grenat des
jujubes, l'améthyste épiscopale des aubergines.
Je me sens rajeunir de trente ans aux cris de la
rue, en entendant brailler un gamin grec qui
vend des radis rouges : « *hokkina rapanakia !* »
et un jeune Turc qui colporte presque aussi
bruyamment le lait caillé ou *yaourt*. Nous
sommes arrêtés un moment par la rencontre de
quatre Turcs superbes qui portent, suspendu à
des arceaux de bois, un tonneau presque aussi
monumental et aussi lourd que le foudre de
Heidelberg. Les mendiants profitent de l'occasion pour s'abattre sur nous. Toujours les mêmes,
ces gaillards-là ! J'ai bien cru en reconnaître
un ; ce serait pourtant grand miracle si en trente
ans il n'avait pas vieilli. Les chiens pullulent
toujours dans les rues, et ils sont plus laids,
plus crottés, plus galeux et plus bruyants que

jamais. Mais voici du nouveau, de l'inconnu, de l'inédit. Devinez quoi? Je vous le donne en mille : un tramway, mais un tramway assurément comme vous n'en avez pas vu : les rails posés sur une rampe de sept centimètres par mètre, une vieille voiture qui doit avoir été dans son temps diligence en Auvergne ou coucou dans quelque banlieue, deux chevaux qui descendent la montagne au grand galop, et un *saïs* qui dégringole plus vite encore, car son métier consiste à précéder la voiture et à repousser les passants qui voudraient se faire écraser. Je dois dire que toutes les lignes ne sont pas également vertigineuses et qu'on y voit rouler par-ci par-là du matériel presque neuf. Les fiacres sont encore assez rares, faute de rues suffisamment carrossables, et les chevaux de selle à la disposition du public stationnent comme autrefois dans les carrefours, chaque animal flanqué de son propriétaire, qui suit à pied le cavalier au galop et le devance quelquefois. Peu ou point de charrettes en ville, mais force caravanes de baudets, de chevaux de bât et même de chameaux chargés de briques, de pierres, de planches et autres matériaux de construction. Car on bâtit beaucoup de maisons neuves à Péra, et même de fort belles, au milieu des baraques de bois qui s'effondrent et des ruines qu'on abandonne à leur destin. Quelques masures d'autrefois, les plus vieilles et les plus déjetées, ont conservé l'aspect mystérieux des habitations turques; mais ce sont de très rares exceptions, de même que les maisons chrétiennes à Stamboul : la population de la ville tend à se cantonner de plus en plus par affinités électives, selon les cultes et les nationalités.

L'hôtel du Luxembourg, appelé aussi Grand Hôtel, qui doit nous héberger presque tous, est établi en bonne place et en bon air dans la grande rue de Péra. C'est une vaste maison presque neuve et très propre, bâtie économiquement par des spéculateurs qui en tirent un bon loyer. Notre hôtelier, M. Flament-Belon, est un Français actif et intelligent qui a passé sa vie en Orient, fait et défait plusieurs fois sa fortune et honorablement élevé une famille de sept enfants. Hélas! l'aubergiste français est un type qui tend à disparaître. Il sera bientôt remplacé, même en

France, par une espèce de diplomate allemand qui porte la cravate blanche et les mains sales et dont la politesse, insolente et rapace, fait tourner le lait dans les tasses et aigrit le vin dans les bouteilles. Les braves gens qui ont hébergé ma jeunesse voyageuse nous logeaient moins confortablement, à coup sûr, ne nous alimentaient peut-être pas beaucoup mieux et ne nous donnaient pas pour rien ce qu'on vend très cher aujourd'hui ; mais leur visage nous servait, dès l'arrivée, un plat de bonne mine. Ils avaient une façon de souhaiter la bienvenue qui disait : Vous êtes chez vous. Ils reconnaissaient un client au bout de dix années et lui demandaient des nouvelles de sa famille. S'ils vous voyaient pour la première fois, ils s'excusaient, ou peu s'en faut, de ne pas vous connaître encore et vous posaient assez de questions pour vous connaître à fond dans un instant. Bref, on était chez eux un peu moins qu'un ami, mais beaucoup plus qu'un numéro, et, la note acquittée, on ne dérogeait pas en les remerciant des attentions qu'ils vous avaient données par-dessus le marché. Voilà ce qu'on ne rencontre plus guère à Cauterets, à Nice ou à Trouville ; voilà ce que nous avons trouvé avec un peu de surprise et beaucoup de plaisir chez ces bonnes gens du Grand Hôtel de Péra. Ils avaient fait l'impossible pour nous loger convenablement aux deux premiers étages de la maison, et les voyageurs arrivés avant nous les y avaient aidés avec une bonne grâce vraiment rare : par exemple, j'ai su que ma chambre avait été cédée obligeamment par le jeune prince Grégoire Soutzo, fils de l'ancien ministre des affaires étrangères, Athénien de naissance, Roumain par naturalisation et licencié ès lettres de la Faculté de Paris. Après une heure d'ablutions qui m'eût semblé délicieuse si l'eau de Constantinople était moins sale, un déjeuner passable réunit à la table d'hôte toute la bande joyeuse des wagons-lits ; puis, sans perdre un moment, dociles et disciplinés comme les clients anglais de l'agence Cook, nous nous mettons en devoir d'épuiser l'ordre du jour tel que M. Weil l'a rédigé.

Notre guide est un aide de camp du sultan, le général Ahmed, qui a terminé ses études à Paris non pas, comme on pourrait le croire, à l'École d'état-major, mais dans l'atelier de Gérome. Il était peintre, et même assez bon peintre pour que Courbet lui demandât un de ses paysages et que le jury du Salon lui décernât une mention honorable. C'est que la spécialité ne sévit pas aussi despotiquement chez les Orientaux que chez nous. Fuad-Pacha, le grand Fuad, était médecin militaire avant de devenir le second personnage de l'État. J'ai retrouvé à Bucarest un grand garçon fort intelligent, M. Obedenare, que j'avais connu étudiant en médecine. Quand je lui demandai ce qu'il était devenu depuis le temps, cet excellent docteur me répondit qu'il était premier secrétaire à la légation de Rome. Le général Ahmed fait monter le ministre du roi des Belges dans une magnifique voiture à la livrée du sultan; nous retrouvons les landaus qui nous ont amenés à l'hôtel et nous partons en troupe pour le palais de Dolma-Bagtché. Ce qui caractérise aujourd'hui le luxe oriental, c'est qu'il est fabriqué de toutes pièces à Paris, à Aubusson, à Saint-Gobain, à Baccarat, dans toutes les manufactures de France. Tandis que nous nous disputons à l'hôtel Drouot les tapis de la Perse, de l'Inde et de la Turquie, on n'apprécie ici que nos moquettes ; les meubles fabriqués au faubourg Saint-Antoine sont tendus invariablement en soieries de Lyon. Rien de plus riche que ces intérieurs où l'on n'a regardé à la dépense que pour la pousser au maximum ; mais la moindre vieillerie originale et nationale ferait beaucoup mieux notre affaire. Les glaces de trente mètres carrés, les candélabres de cristal à deux cent cinquante bougies, les cheminées revêtues de malachite ou enrichies des porcelaines les plus élégantes de la rue Paradis-Poissonnière, ne valent pas pour nous une lampe de mosquée ou même un seul carreau de belle majolique. Plusieurs choses m'ont intéressé dans ce palais immense et ruineux, par exemple les salles de bain construites en albâtre oriental et une petite galerie de tableaux modernes où l'on est tout heureux de retrouver le *Gynécée* de Gérome (est-ce bien ainsi qu'on l'appelle?) et quelques-unes des meilleures toiles de Fromentin, de Berchère et de Pasini. Mais la salle des fêtes où l'on posait une petite bande de carpette extrêmement simple pour la réception du Courham-Beïram m'a seule émerveillé par la hardiesse de sa construction et la noblesse de ses lignes. Lorsqu'une œuvre d'architecture a été conçue grandement, les incorrections de détail sont noyées dans la beauté de l'ensemble. Témoin l'effet de Saint-Pierre de Rome, où le détail est souvent des plus défectueux.

Nous n'avons vu de Dolma-Bagtché que le *selamlik*, c'est-à-dire les bâtiments à l'usage du maître. Un autre palais aussi grand, peut-être plus grand, et renfermé dans la même enceinte, est occupé par le harem du sultan, qui est tout un monde et un monde soigneusement fermé, comme on sait. Mais nous avons pu effleurer sans indiscrétion les délices et les splendeurs de la vie de famille chez un musulman couronné, car, au sortir de Dolma-Bagtché, Ahmed-Pacha nous a conduits au kiosque de Beylerbey, dont les fenêtres étroitement grillées prouvent qu'Abd-ul-Azis n'y habitait pas seul. Un petit vapeur du sultan et quatre caïques impériaux enlevés (c'est le mot) par des rameurs vêtus de blanc nous transportent à la rive d'Asie et nous déposent sur l'escalier déjà quelque peu délabré de ce joli palais. C'est là que l'impératrice Eugénie a reçu l'hospitalité en 1869, dans la dernière année de sa gloire et de son bonheur. La prise de possession d'un tel nid par la princesse la plus gracieuse de l'Europe et sa petite cour en belle humeur fut assurément une fête comme le Bosphore en avait peu vu. Figurez-vous les étonnements et les curiosités, les cris d'admiration et les éclats de rire de quelques fines Parisiennes introduites dans cette sorte de cloître conjugal qui s'appelle un harem. Il devait être délicieux, le kiosque de Beylerbey; il l'est encore, et beaucoup, puisque nous en sortons enchantés sous un ciel noir, pour aller visiter ses jardins sous une pluie battante.

Deux mots sans plus à l'adresse des poètes et des jardiniers. Les uns, par leurs descriptions plus brillantes que véridiques, ont abusé les autres sur le climat et la végétation de ce pays. La géographie elle-même a pu accréditer beaucoup d'erreurs en nous montrant Constantinople sur le même degré de latitude que Naples. Hélas! Constantinople n'a pas le climat de Naples, il s'en faut! Le ciel y est très dur au pauvre monde; il y vente à force, il y neige à profusion et il y gèle à pierre fendre. Aussi la nature y est-elle assez exactement ce qu'elle est à Paris. La Grèce a de beaux orangers, voire des palmiers assez grands qui vont jusqu'à promettre des dattes : ici, vous ne rencontrerez pas même un olivier. Aussi les jardins d'agrément, fût-ce autour des palais impériaux, ont les mêmes massifs et les mêmes corbeilles que nos squares; troènes et fusains par-ci, coleus, anthémis, fuchsias et géraniums par là, et rosiers de Bengale à profusion. Je n'en ai pas aperçu beaucoup d'autres. Mais un vrai sage se peut contenter à ce prix; je ne suis pas venu ici pour voir mûrir les ananas en pleine terre, et ce n'est pas sans un secret contentement que je retrouve si loin de chez nous mon modeste jardin de Pontoise. Pour couronner dignement cette excursion en Asie, nous gravissons deux ou trois étages de terrasses et nous allons déranger deux malheureux couples de tigres fort beaux d'ailleurs et bien nourris derrière leurs barreaux de fer. Ce sont les derniers survivants de la ménagerie d'Abd-ul-Azis.

Nous nous rembarquons pour l'Europe, et l'on

nous met à terre à la pointe du vieux sérail. C'est tout ce qu'il y a de plus curieux dans Stamboul, le beau du beau, le fin du fin, la quintessence, quoique le vieux sérail (ou palais) soit brûlé, comme presque tous les monuments qui datent de la conquête. Ahmed-Pacha, qui n'a point mandat de nous épargner les émotions, au contraire, nous introduit d'abord dans le trésor des sultans, dont la clef seule est un morceau qui mériterait le voyage. Elle n'a pas encore tourné dans la serrure que le joyeux représentant du *Times* nous propose un coup analogue à celui que les Anglais ont exécuté en Égypte : « Messieurs, dit-il, nous sommes trente et les gardiens ne sont que quatre. Égorgeons-les et prenons tout ». Comme il disait ces mots, trente ou quarante jeunes Turcs semblent sortir de terre et prennent position devant les vitrines, non certes pour les défendre, mais plutôt pour nous en faire les honneurs. Ce trésor est surtout précieux comme musée. Je ferais assez bon marché des métaux précieux et des pierreries qu'il contient, sans excepter le trône d'or massif tout incrusté de joyaux, et les coussins brodés de perles, et les boisseaux de diamants, de saphirs, d'émeraudes et de rubis. Tout cela vaut bon nombre de millions, j'en conviens; mais parlez-moi des armes, des armures, des étoffes, des broderies, de cette collection fabuleuse qui contient les costumes d'apparat de tous les sultans depuis Mahomet II, avec tous leurs poignards et leurs aigrettes impériales. Devant cet amoncellement de belles choses, on est pris d'une certaine reconnaissance pour les despotes qui les ont conservées religieusement au milieu de nécessités quelquefois très urgentes. Abd-ul-Azis est le seul, dit-on, qui ait puisé parfois dans les boisseaux de diamants pour donner des parures à ses femmes; mais, à l'époque où il l'a fait, n'était-il pas déjà irresponsable?

On dit que la mosquée d'Irène renferme un précieux dépôt d'antiquités musulmanes et des armes du temps des croisades; mais les simples giaours comme nous ne sont point admis à les voir. Par compensation, l'on nous a régalés d'une visite au kiosque de Bagdad. C'est la seule fantaisie archéologique qui soit jamais éclose dans l'esprit d'un sultan; mais quelle heureuse idée d'employer à la décoration d'un édifice du xvᵉ siècle les débris les plus beaux et les plus curieux de l'antique industrie musulmane! Les revêtements de faïence, empruntés apparemment à quelques mosquées hors d'usage, suffiraient seuls à la gloire et à la fortune d'un musée d'art décoratif. Il y a eu de grands artistes turcs, par exemple celui qui a martelé ce magnifique dais de cuivre doré, vrai chef-d'œuvre de chaudronnerie qu'on admire dans le jardin. Les riches exemplaires du Koran, qu'on garde ici dans la petite bibliothèque du vieux sérail et que nous n'avons pas eu le temps d'admirer à notre aise, valent bien nos missels du moyen âge par la beauté des ornements et le fini de l'exécution.

A force d'aller, de venir et de tourner sur cet étrange et précieux coin de terre où l'on voit de vieux jardins avec des ifs taillés à la mode de Versailles, de vieux serviteurs du palais, et même un vieux harem peuplé de sultanes en retraite, nous avions fini par sentir la fatigue. Ahmed-Pacha s'en aperçut et nous fit asseoir dans le kiosque d'Abd-ul-Medjid, qui n'est pas très beau par lui-même, mais qui jouit d'une vue incomparable sur la mer. On nous y servit un café délicieux, précédé d'une cuillerée de sorbet à la rose et du verre d'eau de rigueur avec la cigarette de Djebeli, qui remplace décidément le chibouque dans le cérémonial hospitalier. Autrefois, la moindre visite entraînait non seulement toute une manœuvre, mais toute une cuisine. Le *chiboudgi* de la maison s'avançait vers vous gravement, une longue pipe à la main. Il mesurait avec soin la distance, posait à terre un petit plateau de cuivre ou d'argent, y déposait le fourneau de l'instrument, puis décrivait savamment un arc de cercle avec le bout d'ambre pour l'amener tout juste à vos lèvres. Ce travail accompli, il mettait le charbon sur la pipe s'il n'avait commencé par la fumer lui-même au seuil de la porte avec une douce familiarité. Mais ce n'était pas tout : il fallait que chaque tuyau fût gratté, lavé, parfumé, lorsqu'on en avait fait usage; le bout d'ambre surtout, qu'il fût ou non chargé de diamants à sa base, exigeait un entretien méticuleux, car la nicotine ne manquait jamais de s'y condenser. Il fallait tout un personnel attaché aux chibouques dans les maisons qui recevaient beaucoup. Avec un demi-cent de cigarettes sur un plateau, la politesse est faite, la tradition respectée, l'honneur de l'hospitalité orientale sauvegardé et le tracas réduit à rien. Comme nous remarquions l'air aisé et les bonnes façons des jeunes gens qui nous offraient les rafraîchissements d'usage, on nous apprit que dans tous les palais impériaux le service est fait par les fils des meilleures familles que leurs parents destinent aux emplois de la cour. C'est ainsi qu'autrefois, chez nous, les gentilshommes de grandes maisons débutaient comme pages à la cour du roi ou chez les princes du sang. Non seulement on ne déroge pas en servant le maître suprême, mais plus les fonctions qu'on remplit auprès de lui ont un caractère intime, plus elles sont considérées et honorées. C'est ce qui vous fera comprendre comment le kislar-agha marche de pair avec le grand vizir. Si l'un de ces deux personnages est le plus haut instrument de la volonté souveraine, l'autre, le chef des eunuques, est le gardien de l'honneur. Pour nous autres badauds de l'Occident, c'est toujours un objet de curiosité que la face glabre, luisante et molle d'un de ces hommes incomplets quand nous l'apercevons dans la rue à côté du cocher sur le siège d'une voiture de femme, ou les mains dans les poches devant la porte d'un palais. Les Orientaux, au contraire, considèrent l'eunuque comme un des éléments de la famille musulmane ; ils ne raillent jamais son malheur, estiment son courage et son dévouement au maître et envient quelquefois sa fortune, car il est souvent riche et toujours charitable au point d'épouser une veuve chargée de famille pour léguer ses économies à quelqu'un. Je ne crois pourtant pas qu'un seul de ceux qui s'offrent à nos yeux ait choisi de plein gré sa carrière. Or, il y en a de très jeunes : d'où viennent-ils ? où les fabrique-t-on ? La route du voyageur en ce pays est littéralement hérissée de points d'interrogation. Depuis longtemps la traite des esclaves blancs ou noirs, mâles ou femelles, est interdite par la loi. Cependant il y a toujours des esclaves, et la société musulmane se désorganiserait s'il n'y en avait plus. Mais nous ne sommes pas ici pour raisonner ni pour comprendre ; on fait avancer nos voitures, nous traversons au trot de vieilles cours vastes et dépavées, nous passons en revue des fantômes de cyprès séculaires et de platanes antédiluviens, nous débouchons sur la place du Séraskiérat, où des conscrits fraîchement débarqués dans le costume de leurs villages, quelques-uns en vestes de cotonnade rose et en caleçons lilas tendre, apprennent une manœuvre assez agréable, qui consiste à se baisser pour prendre la gamelle et à manger le repas du soir. Le soldat turc est payé très irrégulièrement, et il a cela de commun avec presque tous les fonctionnaires de l'empire, mais il est bien logé, bien vêtu et nourri paternellement. Outre sa ration de pain, qui est la même que chez nous, il reçoit deux fois chaque jour un rata de viande et de légumes, deux fois par semaine un plat sucré, de temps à autre une distribution de tabac. Sur les revenus de l'empire qui ont sensiblement décru avec le territoire et qui consistent surtout aujourd'hui dans le produit des douanes et la dîme des provinces asiatiques, c'est l'armée qui prend la grosse part. Le sultan, qui règne et gouverne avec un sérieux auquel tous les partis rendent hommage, veut être prêt à tout événement et défendre avec honneur ce qu'il possède encore en Europe. Je serais bien surpris si, le cas échéant, il n'était pas héroïquement soutenu par son armée et par son peuple entier. Qui vivra verra. Pour l'instant, c'est-à-dire à la sortie du vieux sérail, nous voyons les bons Turcs absorbés par une œuvre très pacifique : ils choisissent, achètent et emportent les moutons qu'ils vont immoler et manger à la fête du Courbam-Beïram. Ce sacrifice renouvelé d'Abraham est de devoir étroit, comme l'agape qui s'ensuit. Ce qui restera du mouton sera distribué aux pauvres qu'un musulman n'oublie jamais dans les fêtes privées ou publiques. Un grand marché improvisé remplit la place où nous défilons. Plusieurs troupeaux dont la laine est marquée aux couleurs de leur propriétaire nous montrent divers types de la race ovine. Le plus recherché paraît être le mouton à queue grasse, qui traîne après lui quatre ou cinq kilogrammes de suif. L'amateur tâte l'animal sur toutes les coutures en même temps qu'il le marchande, et, lorsque l'affaire est conclue, il charge son mouton sur le dos et l'emporte comme un enfant. Nous rencontrons à chaque pas un de ces groupes comiques, et cependant ni la bête ni l'homme ne devinent pourquoi nous rions. Le char impérial de ce bon M. Olin nous fraye un passage à travers la foule multicolore qui encombre à toute heure le pont de Galata. Nous montons à Péra, nous regagnons l'hôtel, nous dînons de grand appétit, et nous dormons comme des hommes qui ont roulé sans interruption du jeudi soir au mardi soir. Les plaisirs les plus vifs et les plus variés ne nous tiennent pas lieu de repos; je parle en homme de mon âge.

VI

Il paraît que les chiens ont fait rage toute la nuit sous nos fenêtres et dans les rues voisines; mais c'est tant pis pour eux, je ne me suis pas réveillé. Ces chiffonniers à quatre pattes sont assez tranquilles le soir; ils se querellent de préférence au petit jour, quand on jette dehors les os et les débris de cuisine. Lorsque j'ouvris les yeux à huit heures, l'ordre régnait dans ce monde grouillant et une grosse chienne jaune, les deux pieds de devant sur le trottoir de l'hôtel, les deux pieds de derrière dans le ruisseau, allaitait bien tranquillement ses quatre petits. Je trouvai en ouvrant les yeux les dernières nouvelles de Paris, que le représentant de l'agence Havas, M. de Ridder, prit l'aimable habitude de m'adresser tous les matins à domicile. Presque au même moment, on introduisait dans ma chambre Hamdy-Bey, fils du ministre de l'intérieur et directeur des musées impériaux. Ce jeune homme très distingué, qui a étudié la peinture à Paris, dans l'atelier de mon ami Gustave Boulanger, m'invite à visiter les collections qu'il a formées et l'École de dessin dont il est à la fois le fondateur et le directeur. Le tout est situé à deux cents pas de Sainte-Sophie où nous devons aller après midi; je ferai donc d'une pierre deux coups. Vient ensuite le correspondant du *Temps*, M. Domenger, écrivain de talent et bon Français. Je m'empare avidement de lui et j'abuse de sa courtoisie pour l'assassiner de questions. La première de toutes, vous la devinez bien : « Que sommes-nous ici? Qu'y faisons-nous? Comment y sommes-nous vus et traités? Que devient l'influence française en Turquie? » Eh bien! il paraît que nos affaires, sans être très brillantes, pourraient aller plus mal. Le sultan, qui reçoit beaucoup et qui aime à traiter le corps diplomatique, apprécie particulièrement notre ambassadeur M. de Noailles, et ne se cache pas d'aimer la France qui d'ailleurs est la seule amie désintéressée de l'empire ottoman. Le collège de Galata-Séraï, fondé par M. Victor Duruy dans l'intérêt de l'influence française, compte sept cents élèves dont six cents internes qui tous mènent de front l'étude du turc et du français. Le directeur, Ismaïl-Bey, est comme de juste un musulman, et le sous-directeur, M. d'Hollys, un Français. Ismaïl-Bey, homme éclairé et juste, est peut-être le seul chef de service dont les subordonnés soient payés régulièrement en or le premier jour de chaque mois; il a même obtenu qu'on soldât leur arriéré jusqu'au dernier centime, et ces bons procédés envers nous mériteraient peut-être du gouvernement de la République un témoignage de reconnaissance. Son second, M. d'Hollys, est un vrai sage, aussi modeste que capable, sans aucune ambition personnelle et exclusivement dévoué aux intérêts de l'enseignement. Fidèle à son pays, sincère admirateur de M. Duruy, qui s'est fait une place dans l'histoire universitaire de France entre M. Guizot et M. Jules Ferry, il estime les Turcs comme tous ceux qui les ont vus de près et comprend les susceptibilités légitimes d'un peuple dont les malheurs n'ont pas abattu la fierté, tout au contraire. Plus l'empire ottoman est à l'étroit dans ses nouvelles frontières d'Europe, plus il tient à honneur de prouver qu'il est maître chez lui. Les juridictions étrangères, les postes étrangères qui se sont impatronisées à Péra, toute ingérence étrangère, en un mot, leur apparait comme une offense, comme un souvenir injurieux du vieux temps où les puissances occidentales avaient à protéger leurs nationaux contre les avanies du musulman. Les revendications patriotiques d'Abd-ul-Hamid sont admirablement secondées, me dit-on, par le grand-vizir Saïd-Pacha, homme de haut mérite, infatigable travailleur et, chose rare en ce pays, ministre pauvre. En voilà certes plus qu'il ne faut pour recommander la Turquie contemporaine à notre estime et à nos sympathies; mais ne nous leurrons pas, mes amis. Depuis la guerre de 1870, les Allemands sont dans la place. Non seulement leurs instructeurs et leurs officiers ont su se rendre indispensables dans l'armée, mais on trouve un sous-secrétaire d'État allemand plus ou moins officiellement installé dans tous les ministères. On peut compter que ces bons messieurs de Berlin défendraient l'empire ottoman contre une nouvelle agression de la Russie; rien ne prouve qu'ils le protégeraient aussi bien contre leurs alliés d'Autriche. Nous avons vu passer hier, au pied du vieux sérail, un train du chemin de Roumélie. Cette ligne n'est qu'un tronçon interrompu volontairement par les Turcs. Ils ont lu dans Musset qu'une porte doit être ouverte ou fermée, et ils aiment mieux fermer leur porte. Mais qui sait si les Russes ne les mettront pas en demeure de l'ouvrir? ou si l'Autriche, à défaut de la Russie, ne dira pas que ses marchandises ont hâte d'arriver à Salonique? Assez de politique pour aujourd'hui : on nous mène à Sainte-Sophie.

Les musulmans se sont approprié ce chef-d'œuvre de l'architecture byzantine en construisant des minarets, en badigeonnant quelques fresques, en cachant sous une feuille de cuivre doré quelques têtes de chérubins et en accrochant dans les angles des inscriptions turques sur des panneaux de tôle ou de bois qui ressemblent à des enseignes colossales. Les prêtres ou peut-être les sacristains exploitent la beauté et la gloire du monument, d'abord en faisant payer aux chrétiens un droit d'entrée de quatre ou cinq francs par tête, ensuite en contraignant les visiteurs d'acheter les cubes de mosaïque que ces vandales arrachent à poignée le long des murs. Malgré ces horreurs, l'édifice est splendide, moins fini, moins complet et plus fruste que Saint-Marc, mais bien plus grand et plus hardi avec sa coupole de proportions cyclopéennes qui repose exclusivement sur quatre piliers. L'art gréco-romain était vieux sous Justinien au vi^e siècle de notre ère, mais il était encore bien robuste et je ne sais si notre science, notre argent et nos prétentions pourraient rivaliser avec lui. Ni les photographies du commerce, ni les études d'ensemble et de détail que les pensionnaires de Rome ont exposées au Salon ne vous donneront une idée de la majesté de Sainte-Sophie. Pour juger la grandeur de l'édifice, il faut le mesurer à soi-même et voir le peu de place qu'on y tient. Il faut jauger, pour ainsi dire, la masse des matériaux précieux qui y sont accumulés, granit, porphyre, serpentin, brèche antique et ce beau marbre cipollin dont on a fait non seulement des colonnes, mais le pavage entier des galeries. Si les conquérants en délire ont pillé l'or, l'argent, les pierreries, en un mot toutes les richesses accumulées par la dévotion des empereurs d'Orient, ils ont laissé debout les colonnes que l'architecte Anthémius avait empruntées à tous les temples de la Grèce, de l'Asie et de l'Égypte. Tout ce que les sultans ont ajouté au monument primitif pour transformer la basilique en mosquée est peu de chose, à part les quatre minarets qui entourent la grande coupole ; et il nous semble que le Dieu des chrétiens, s'il reprenait possession de ce temple, comme le veut une antique légende chère aux Grecs, après cinq ou six jours de balayage, se retrouverait chez lui. Mais les brutalités de la conquête, la fureur des éléments et le temps, ce grand destructeur silencieux, ont cruellement altéré tout ce qui reste encore debout. Il a fallu étayer des arcades, consolider des murs, fretter de fer ou de bronze presque tous les chapiteaux, et tout cela s'est fait grossièrement, d'une main lourde. Le jour approche où Sainte-Sophie ne pourra plus être sauvée que par une restauration complète. Les Turcs entreprendront-ils ce travail? Non, jamais. C'est le peuple le moins réparateur qui soit au monde; d'ailleurs, où prendraient-ils les cent millions que cela doit coûter au bas mot? Les Russes seuls..... Mais ici notre archéologie devient un peu révolutionnaire. Démolir un empire pour réparer une basilique, ce n'est pas une solution.

Les trois quarts de nos compagnons, sans respect du programme tracé par M. Weil, veulent absolument aller voir, tout au fond de la Corne-d'Or, des hommes barbus qui lèvent les mains au ciel et tournent pendant un quart d'heure sur un air de valse à deux temps afin d'enseigner aux profanes que Dieu est partout à la fois. J'ai va cet exercice au Caire, et comme il est peu vraisemblable qu'on l'ait perfectionné depuis 1868, j'aime mieux visiter Hamdy-Bey dans son petit musée. Il n'est pas encore très riche, d'abord parce qu'il est nouveau, ensuite parce que les Turcs se sont laissé reprendre tous les

chefs-d'œuvre qu'ils avaient pris. La Vénus de
Milo est à Paris; les marbres du Parthénon sont
à Londres et le fronton du temple d'Egine à Munich. Tout récemment encore les Allemands du
Nord ont fait main basse sur l'admirable frise de
Pergame qui a plus de cent mètres de long et
que le pauvre Tourgueneff me décrivait dans une
lettre enthousiaste la première fois qu'il la vit à
Berlin. Le savant épicier Schliemann a trafiqué
du trésor de Priam et des reliques d'Agamemnon sans rien offrir à la Turquie, si ce n'est un
collier moderne, mais dont l'or est antique, à ce
qu'il dit, et je le crois sans difficulté, car la nature ne fabrique plus d'or depuis quelques milliers de siècles. Les Prussiens ont donné à
Hamdy-Bey quelques mètres, en plâtre s'entend,
de cette belle frise qui rappelle un peu la manière si vivante et si française de Pierre Puget;
le Louvre a mis à sa disposition tous les moulages dont il pourrait avoir envie; les Bavarois et
les Anglais ne lui ont rien offert du tout. Aussi
ne possède-t-il guère jusqu'à présent que des
marbres de peu de prix, sarcophages, tombeaux,
statues, bustes déterrés dans les îles et parti-

culièrement à Chypre; des figurines de terre cuite dans le style de Tanagra, quelques jolis fragments de bronze, quelques vases antiques et un certain nombre d'inscriptions; le tout catalogué avec soin par un membre de l'École d'Athènes, M. Salomon Reinach. Peut-être le tombeau d'Antiochus qu'Hamdy-Bey a découvert lui-même dans les neiges, à deux mille mètres au-dessus du niveau de la mer, livrera-t-il un certain nombre de sculptures précieuses. J'en ai eu comme un avant-goût en voyant des estampages assez beaux. Ce jeune musulman érudit voudrait aussi, dans son patriotisme, réunir et classer les meilleurs ouvrages de la vieille industrie nationale. Il possède déjà neuf ou dix lampes de mosquées, tant en verre qu'en majolique, des meubles incrustés, des casques du temps des croisades; et, s'il disposait d'un budget suffisant, il ferait encore, dit-il, des trouvailles intéressantes dans quelques villes d'Asie où les amateurs en boutique n'ont pas encore mis les pieds.

Nous terminons la promenade par une visite à l'École de dessin, vaste, propre et bien exposée, où une vingtaine de jeunes Turcs, dont quelques-uns sont déjà passablement avancés, travaillent avec intelligence, les uns d'après la bosse, les autres d'après les modèles édités par la maison Goupil.

Ah! si j'avais quelques jours de plus devant moi, quel plaisir je prendrais à parcourir la ville en compagnie d'un homme de goût, d'un connaisseur éclairé comme Hamdy-Bey! Constantinople est un vrai fouillis de merveilles que ni les guides européens ni les Turcs eux-mêmes ne connaîtront ou n'apprécieront jamais. La divine fontaine d'Ahmed III, ce bijou qui pourrait être en or sans valoir un centime de plus, ce monument sculpté en dentelle de marbre, n'est pas une œuvre unique en son genre. La cité impériale fourmille de tombeaux historiques, de colonnes gréco-romaines, de citernes monumentales; tout cela est abandonné, perdu, noyé dans des propriétés privées. L'ancien Hippodrome illustré par les rivalités sanglantes des Verts et des Bleus, avec les trois bornes monumentales qui limitaient trois pistes d'inégale grandeur, l'obélisque de Théodose, la Serpentine et la colonne d'airain dont une cupidité imbécile a détruit le revêtement, sera fouillé assurément un jour ou l'autre, et, à deux ou trois mètres au-dessous du sol actuel, l'archéologue y découvrira des trésors. Sans creuser si profondément, en flânant devant nous le nez en l'air, nous allons de surprise en surprise. C'est quelquefois un reste de palais, quelquefois un débris de forteresse intérieure, une façade étrange et menaçante comme la maison des Strozzi à Florence, ou une fantaisie lapidaire d'un style aimable et léger, un coin de pavillon, une grille de fer ouvré, un petit bout de jardin qui nous rappelle les contes orientaux du bon temps, le mariage de la princesse avec un barbier jeune et beau, les amours mélodieuses et embaumées du rossignol et de la rose. Mais l'heure nous talonne et l'implacable tradition nous commande. Il faut bon gré mal gré arpenter, au milieu des courtiers officieux et des mendiants opiniâtres, les ruelles boueuses du Bazar, cette ville de khans, de boutiques et d'échoppes où l'on ne débite plus que des marchandises européennes. Il faut chercher en vain des médailles antiques chez le *saraf* ou changeur qui agiote du matin au soir sur toutes les monnaies du monde civilisé ; il faut choisir des bijoux à bas titre et autres articles orientaux chez des marchands cosmopolites, moins bien assortis et plus chers que les juifs algériens de Paris. Et lorsque l'on s'est acquitté de ce fastidieux devoir, il faut rentrer vivement à l'hôtel et mettre une cravate blanche, car l'excellent M. Delloye-Matthieu, qui nous héberge depuis six jours, croirait manquer à ses devoirs s'il ne nous offrait pas un festin magnifique et délicieux, émaillé de toutes les constellations qui se portent à la boutonnière, se suspendent au col ou s'accrochent au revers de l'habit.

La fête fut superbe et fort bien ordonnée ;

le cuisinier de l'hôtel se surpassa, les meilleurs vins de France coulèrent à flots, les toasts joyeux et sérieux se succèdent aux applaudissements des convives, et l'un de nous, que la modestie ne me permet pas de nommer, s'exprima en assez bons termes sur les paysans, les ouvriers, les soldats, ces éléments modestes, honnêtes et vigoureux qui constituent le fond du peuple turc. Ahmed-Pacha, qui siégeait à la droite de notre cher amphitryon, répondit non seulement en homme du monde, mais en homme de cœur, et la fête se prolongea assez tard sans fatiguer personne, car au lieu de se mettre au lit à dix heures, comme la veille, on alla finir la soirée dans un lieu de perdition qui se nomme Concordia. C'est un café-concert où de jolies personnes décolletées chantent des barcaroles parisiennes que je m'accuse de n'avoir jamais entendues à Paris. Derrière le théâtre on joue à la roulette, comme on faisait jadis au doux pays de Baden-Baden. On y peut même, paraît-il, perdre beaucoup d'argent, car après le traité de San-Stefano, à l'entrée des officiers russes, cet établissement philanthropique, avec ses deux zéros et ses vingt-quatre numéros, encaissa, dit-on, quatre cent mille francs. C'est ainsi qu'en 1815 les Cosaques ont fait la fortune du Palais-Royal.

VII

Jeudi 11 octobre. — Hier à six heures, en rentrant à l'hôtel, nous avons croisé dans une rue de Péra un coupé attelé de deux chevaux de race et qui se ferait remarquer au bois de Boulogne dans l'allée des Acacias. Notre guide, assis sur le siège, s'est retourné et nous a jeté ces trois mots : « Le prince Izeddin ». J'ai regardé dans la voiture avec une curiosité intense, et j'ai eu tout juste le temps d'apercevoir un jeune homme au teint mat, aux grands yeux, à la moustache fine et luisante, qui semblait profondément ennuyé. C'est le fils aîné de ce pauvre Abd-ul-Azis, le prince qui causa peut-être, et bien innocemment, la mort de son père. Le sultan qui périt dans son harem, suicidé par des mains inconnues, avait accordé ou vendu au khédive Ismaïl un firman contraire en tous points à la tradition musulmane. Il avait décidé qu'en Égypte le fils aîné du vice-roi hériterait du pouvoir de son père, à l'exclusion des collatéraux, dont le premier en ligne était le prince Halim, fils de Méhémet-Ali. On supposa qu'il préparait une révolution du même genre en faveur d'Izeddin et il accrédita lui-même ce soupçon par les faveurs inusitées dont il comblait imprudemment son aîné. De là le drame sanglant dans lequel les journaux d'Europe, toujours enclins à mettre les chose au pis, enveloppèrent un instant, sans preuve aucune, la mère et le fils aîné d'Abd-ul-Azis. Il y a du bon et du mauvais dans l'ordre de succession au trône tel qu'il est établi chez les Turcs. D'un côté, l'intérêt des peuples veut que dans aucun cas le pouvoir ne puisse tomber aux mains d'un enfant; mais le cœur humain est ainsi fait, qu'un père préférera toujours son fils à ses frères ou à ses oncles, et qu'un despote, accoutumé à voir plier toutes les volontés devant la sienne, résistera difficilement à la tentation d'aplanir les obstacles qui séparent son fils du trône. Notez, en outre, que des exemples mémorables, tant anciens que nouveaux, conseillent au maître de l'empire certaines précautions contre son héritier collatéral, fût-il son propre frère. Au moyen âge, il prévenait les conspirations de palais, en faisant le vide autour de lui. Les mœurs modernes sont infiniment plus douces. Toutefois le sultan garde à sa cour et ne perd pas de vue son héritier présomptif. Il existe encore plusieurs fils d'Abd-ul-Medjid qui succéderont, *inchallah!* (s'il plaît à Dieu) à l'empereur Abd-ul-Hamid, leur auguste frère, avant qu'il soit question de couronner Yousouf Izeddin. Ce jeune prince a donc bien des années devant lui pour s'ennuyer ou pour s'instruire.

Nous avons fait partie d'aller voir aujourd'hui les derviches hurleurs qui fonctionnent dans une sorte de couvent à Scutari. Comme leurs portes ne s'ouvrent pas avant deux heures de relevée, je puis vaguer à mon aise dès le matin à travers les rues de la ville turque. J'y vais seul, sans ami, sans guide, comme au bon temps de la jeunesse où je n'avais pas même un plan dans la poche, et pourtant je ne m'égarais jamais, pas plus à Londres qu'à Stamboul. Il me semble que bien des choses ont changé par ici ; les rues sont plus larges, plus droites ; on dirait que le baron Haussmann y a passé. Si ce n'est lui, c'est l'incendie qui a rasé les vieux quartiers construits en bois et entraîné les habitants à rebâtir leurs maisons en pierre. On en voit de fort propres et même d'assez belles, qui révèlent à la fois un supplément d'aisance et un surcroît de sécurité. Vous connaissez ce mot d'un raïa grec à qui l'on demandait : « Pourquoi ne plantes-tu pas d'arbres autour de ta maison ? » Il répondit : « Si j'étais assez fou pour en planter un seul, le premier Turc qui passerait devant chez moi s'installerait à l'ombre avec ses serviteurs ; il me commanderait de faire le café et de rôtir un agneau. » Ce n'était pas seulement le Grec, l'Arménien ou l'Israélite qui cachait sa richesse comme un crime ; jadis le Turc lui-même faisait le pauvre pour éviter les impôts, les exactions et les confiscations. Les vieux abus ont fait leur temps ; peut-être l'arbitraire a-t-il encore ses coudées franches dans quelques recoins des provinces d'Anatolie ; mais dans la capitale il est certain que la loi, les mœurs, l'opinion publique garantissent les droits de chacun.

Par une contradiction singulière, mais non pas inexplicable, le luxe des vêtements, des équipages, du domestique, paraît avoir sensiblement décru. Il y a trente ans, l'élégance des femmes savait fort bien se faire valoir sous le *féredjé* comme leur beauté triomphait sous la finesse transparente du *yachmak*. Les grands nigauds d'Europe qui rêvaient des aventures impossibles rencontraient au bazar ou dans les rues, en moins d'une demi-journée, cent *hanouns* assez bien vêtues et assez brillamment entourées pour mettre une imagination parisienne en feu. Le changement qui me frappe est-il dans les objets ou dans mes yeux? Est-ce parce que j'ai vieilli que les bourgeoises de Stamboul me paraissent moins jeunes et moins bien faites, mal fagotées et chaussées en dépit du sens commun dans leurs bottines d'Europe éculées? Un observateur moins superficiel que je ne suis forcé de l'être me dit qu'en effet, grâce au crédit illimité que l'Occident ouvrait à la Turquie, Stamboul a traversé une phase de prospérité dont tous ses nouveaux bâtiments gardent la trace ; mais un krach financier, politique et militaire à la fois, a défait beaucoup de fortunes, mis à mal plus d'une famille, fait vendre quantité de diamants, réduit le train général de la population et singulièrement attristé ce bal masqué quotidien qui réjouissait nos yeux dans la rue. Je rapporte à l'hôtel une impression de mélancolie que le soleil lui-même n'a pas su dissiper, et j'augure assez mal du spectacle qu'on nous a promis pour remplir notre après-dînée ; il me semble que les hurleurs doivent être proches parents des jongleurs africains que Paris a sifflés sous le nom d'Aïssaouas.

Eh bien ! non, nous n'avons pas perdu notre temps et la journée a été bonne. D'abord la traversée du Bosphore en caïque lorsqu'il fait beau est toujours une partie de plaisir. Le caïque est aussi léger que la gondole vénitienne est pesante, aussi clair qu'elle est sombre, aussi gai qu'elle est triste. L'instabilité même de ce véhicule étonnant, qu'un souffle ferait chavirer, ajoute au charme du voyage. Et puis les caïdgis sont des gaillards si pittoresques ! et puis on fait tant de rencontres en moins d'une demi-heure, paquebots, bateaux-mouches, gros voiliers chargés à couler, goélettes, caravelles, tartanes, tous les modèles des bateaux qui vont sur l'eau, sans excepter la fameuse galère qui a joué son rôle dans les *Fourberies de Scapin !* Nous touchons tous ensemble à l'échelle de Scutari et nous débarquons pêlemêle sur les planches pourries, au milieu d'un concert d'imprécations polyglottes. Nous prenons des chevaux de selle ou des fiacres, chacun selon son goût, et nous escaladons au trot, au galop, à travers une foule compacte, la grande rue boueuse et mal pavée de Scutari. L'encombrement n'y est pas moins touffu que dans un faubourg de Paris le matin d'une fête nationale. Hommes, femmes, enfants, soldats en permission, bergers venus de loin, marchands ambulants, oisifs qui chôment par avance la solennité du lendemain, se pressent et se coudoient bruyamment, mais sans brutalité, comme gens de la même famille. On vend encore des moutons ; on vend aussi des couteaux pour les immoler et des grils pour les faire cuire. Je remarque un jeune bourgeois de vingt à vingt-deux ans qui s'est emmailloté la figure dans un mouchoir à carreaux et qui pousse gravement devant lui un grand commissionnaire et un énorme mouton, l'un portant l'autre. Si tu as mal aux dents, mon garçon, comme il est permis de le croire, ton mouton fraîchement tué ne sera pas tendre demain !

Scutari fourmille d'enfants et vous n'avez jamais rien vu de plus beau que les petits Turcs, garçons et filles. Tous ces marmots, riches ou pauvres, mais les pauvres surtout, sont accoutrés de la façon la plus pittoresque et comme enluminés de couleurs vives et fraîches. En voilà cinq ou six que le hasard a groupés sur la crête d'un vieux mur. Je défie le printemps lui-même de faire fleurir un tel bouquet. A cent pas de la petite mosquée des Derviches, la pente que nous gravissons devient si raide qu'il nous faut mettre pied à terre. Nous arrivons à une petite cour ; un sacristain du plus beau noir nous débarrasse de nos cannes et de nos parapluies, nous pousse dans un bâtiment qui a l'air d'une église de village et nous fait asseoir sur des bancs, les uns au rez-de-chaussée, les autres dans une espèce de soupente. Quelques chuchotements discrets et quelques rires étouffés attirent notre attention sur une tribune grillée. Il y a des curieuses ailleurs que dans la pièce de Meilhac. La mise en scène de l'ouvrage qu'on va représenter devant nous est plus bizarre que terrible. Nous voyons tout un jeu de tambours de basque pendus au mur, en face d'instruments dont la forme et l'emploi nous sont moins connus. Vous diriez de petits mortiers de pharmaciens tendus en peau d'âne. Il y a bien aussi quelques armes, mais des armes trop formidables pour être inquiétantes; par exemple des masses de fer empruntées à quelque panoplie du moyen âge. Une sorte de niche qui paraît tenir lieu d'autel est encombrée d'objets divers et mystérieux dont les uns semblent destinés à l'exercice du culte, les autres m'ont tout l'air d'être de simples ex-voto. Le pavé du temple est couvert d'une natte, mais on y voit aussi quelques tapis de prière assez beaux et quantité de peaux de mouton que le bedeau range et dérange inutilement avec un soin minutieux, comme pour amuser le tapis. Après une attente assez longue, un chant grave et passablement mélodieux s'élève dans la cour et nous prépare à la cérémonie. Presque aussitôt nous voyons entrer quatre derviches vêtus de noir avec un peu de blanc, très sérieux et visiblement convaincus de leur importance. Un homme d'une quarantaine d'années, fort digne, est comme le curé de cette petite paroisse. Nous remarquons parmi ses vicaires un jeune ascète au profil d'aigle qu'on croirait détaché d'une toile de Murillo. Ces bons messieurs, qui nous ont fait payer à la porte de leur établissement et qui viennent d'encaisser environ cent francs de recette, débutent par une prière à notre intention : ils demandent pardon à Dieu d'avoir laissé entrer ces chiens de chrétiens dans son temple. Mais vous voyez que dans l'Église musulmane la fin justifie les moyens. Les hurlements que nous sommes venus écouter se font espérer très longtemps. Le clergé paroissial prélude par une cérémonie assez imposante, accompagnée d'un beau plain-chant, aux exercices violents qu'il ne fait pas lui-même, car les derviches hurleurs sont des hommes qui ne hurlent pas, mais qui donnent à hurler. Les vrais acteurs du mélodrame se recrutent parmi les fanatiques de la rue, tandis que les prêtres récitent des oraisons, font des génuflexions, baisent la terre, brûlent de l'encens, échangent des accolades et reproduisent maint détail du rituel catholique. L'enceinte se remplit peu à peu de curieux et de dévots qui entrent l'un après l'autre, saluent respectueusement le sanctuaire et vont s'accroupir sur les nattes ou dans la galerie, acteurs ou spectateurs, à leur choix. Ce personnel composite comprend surtout, à ce qu'il semble, des artisans, des domestiques, des matelots; des soldats, sans préjudice des bons bourgeois qui s'y mêlent de temps à autre, entraînés par l'exemple, gagnés par la contagion, comme autrefois chez nous les convulsionnaires de Saint-Médard. L'espèce humaine est moins variée que l'on ne croit, et, comme le soleil, la folie luit pour tout le monde. Au milieu du service religieux qui suit son cours et des prières chantées qui vont leur train, il s'est formé petit à petit dans le fond de la salle un groupe d'hommes coiffés du fez ou du turban, vêtus comme les gens de la rue et même un peu déguenillés par-ci par-là. Ils se tiennent debout, serrés les uns contre les autres, et ils invoquent Dieu en chœur. Leur prière n'est ni longue ni compliquée : les prêtres psalmodient des versets et des répons; quatre vieillards assis sur des peaux de mouton chantent des choses curieuses dont Félicien David a su tirer un bon parti. Quant à nos fanatiques, ils ne disent qu'un mot : « Allah! » et chaque fois qu'ils le prononcent ils inclinent la tête en signe de respect. Mais, au bout d'un quart d'heure, la fatigue et l'excitation font si bien qu'au lieu de prier on crie, et qu'au lieu d'incliner la tête on la jette en avant par un mouvement saccadé. Un quart d'heure encore et les cris se changeront en hurlements, les secousses en contorsions. Bientôt une sorte d'ivresse s'empare de ces malheureux. Haletants, ruisselants de sueur, demi-nus, car ils ont rejeté tout ce qui pesait à leur corps, ils se tordent le cou en faisant pivoter leur tête avec une telle impétuosité qu'on ne serait pas surpris de la voir s'arracher et tomber à terre. La voix leur manque, l'air siffle dans leurs bronches, on n'entend presque plus qu'un concert de râles étouffés.

Mais gardez-vous bien de les plaindre : on lit sur leur visage convulsé une grossière béatitude, et même, j'en ai peur, un avant-goût solitaire et malsain du paradis de Mahomet. Grand bien leur fasse ! Nous n'envions pas leur plaisir. Mais la vue de ces exercices éveille une certaine émulation dans l'assistance musulmane. Plus d'un spectateur, homme grave, coiffé du fez, vêtu de la redingote longue, porteur d'une de ces belles barbes teintes en bleu qui faisaient croire à Gérard de Nerval qu'un musulman est toujours jeune, suit le mouvement peu à peu, commence par dodeliner de la tête, fredonne ensuite à l'unisson et finit par entrer en danse. Un monsieur qu'on prendrait volontiers pour un colonel en retraite, tant sa tenue est correcte et sa figure respectable, s'était assis à trois pas de nous, à l'intérieur de la nef, sur la natte. Il a fait comme beaucoup d'autres, et le voici qui exécute sa partie dans l'ensemble sans hurler, mais en accompagnant les hurleurs sur le tambour de basque. Les instruments ont été décrochés au nombre de vingt ou trente par un petit bossu sans bosse, gamin difforme et grimaçant qui remplit les fonctions d'enfant de chœur. Je crois bien que ce gnome commence à débaucher quelques autres moutards du quartier, car deux apprentis de son âge se tortillent et s'égosillent avec lui. Quand je vivrais cent ans, je n'oublierais pas les grimaces de ce singe de Mahomet, ni surtout les contorsions héroïques d'un beau grand nègre dont la dévotion expansive et aromatique triomphe des parfums d'Arabie et atteste la vanité de l'encens.

Lorsque la passion religieuse est assez exaltée pour que l'homme ne diffère plus sensiblement de la bête, les thaumaturges ont beau jeu. Aussi voyons-nous le curé de cette étrange paroisse donner publiquement audience à des malades qui lui demandent tous un miracle, ni plus ni moins. Le premier est un artisan d'une cinquantaine d'années ; il marche avec difficulté et tient ses côtes comme un homme qui souffrirait du lumbago. On le fait coucher à plat ventre et le prêtre lui marche sur le corps sans aucune difficulté. Vient ensuite le jeune homme de bonne famille que j'ai remarqué dans la rue avec son grand madras en mentonnière et son mouton à dos de portefaix. Il est arrivé un quart d'heure après nous et il a assisté pieusement à la deuxième moitié de l'office en balançant la tête et en murmurant des prières. Ainsi préparé, il s'avance vers le chef des derviches qui lui fourre les doigts dans les oreilles en marmottant un exorcisme ou une bénédiction. Le troisième malade est un pauvre bébé de trois ans tout au plus qui braille du haut de sa tête; il n'est pas moins couché sur le tapis et piétiné par le derviche, très prudemment, je dois le dire, et avec les plus grandes précautions. Nous n'en avons pas vu davantage : la laideur du spectacle, l'atrocité du bruit et l'odeur de nègre échauffé nous décidèrent à partir au bout d'une heure et demie environ sans demander notre reste. En résumé, cet exercice religieux, s'il n'est pas des plus ragoûtants, ne doit point être confondu avec la jonglerie funambulesque des Aïssaouas. C'est un ensemble de pratiques grossières, malsaines, abrutissantes, que les musulmans éclairés tiennent en médiocre estime et qu'Ibrahim-Pacha avait raison d'interdire aux soldats égyptiens sous les peines les plus sévères. Cependant, faut-il l'avouer? cette débauche du fanatisme musulman ne nous a pas laissés indifférents et nous éprouvions autre chose que du mépris devant cette somme effrayante d'énergie mal employée.

Un des nombreux vapeurs qui parcourent le Bosphore en tous sens nous transporta au pont de Galata. Je fis encore un tour dans Stamboul, j'assistai à un coucher de soleil où le profil de la ville turque, esquissé en gris sur le ciel, réveilla ma vieille admiration pour Ziem, et je rentrai à Péra par la *ficelle.* C'est un petit chemin de fer souterrain où deux trains se croisent régulièrement toutes les cinq minutes, la descente de l'un faisant monter l'autre. On ne voyage pas autrement entre la Croix-Rousse et Lyon. La soirée et la nuit furent belles ; on put grimper à la tour de Galata et voir d'un seul coup d'œil la Corne-d'Or et le Bosphore illuminés en l'honneur de la fête du lendemain.

VIII

Cette fête du Courbam-Beïram nous inspirait à tous une assez vive curiosité. Les Belges, nos amis, avaient obtenu, par l'entremise de leur légation, six places de tribune dans le splendide *hall* de Dolma Bagtché, où le sultan devait recevoir les diplomates étrangers et les grands dignitaires de l'État. Les autres, moins ambitieux ou moins favorisés, se promettaient au moins de voir défiler le cortège impérial, dont la magnificence est légendaire. Mais rien n'est simple dans ce pays; il faut intriguer pour savoir quel sera le jour de la fête, et d'habitude on ne le sait positivement que la veille. Il faut intriguer sur nouveaux frais pour connaître le nom de la mosquée qui recevra la visite du sultan. Les précautions dont on entoure sa personne sacrée réduisent ses promenades au strict nécessaire. Aujourd'hui, par exemple, il a quitté sa résidence de Yeldiz-Kiosk, traversé son parc en voiture, fait un petit bout de chemin dans la rue pour atteindre une mosquée des plus modestes et des moins connues, et, sa prière faite, il a gagné à cheval, en quelques minutes, le palais de Dolma-Bagtché. Le chemin qu'il a suivi était exclusivement bordé de soldats, et toutes les rues adjacentes barrées par la cavalerie. Ajoutez que les curieux n'ont pas ici, comme à Paris, la ressource de louer une fenêtre : tous les étages supérieurs des maisons sont hermétiquement clos par ordonnance de police. Nous nous sommes mis en route à six heures du matin, nous avons longé des casernes, des casernes et encore des casernes, jusqu'à la rue où tous les habitants de ces casernes étaient rangés le sabre au poing ou l'arme au pied. Nous sommes descendus de voiture entre deux haies de fantassins, tous esclaves de la consigne et fort peu disposés à nous ouvrir leurs rangs. Il a fallu que M. Weil fît des prodiges de souplesse et d'insinuation pour nous donner l'accès d'un petit café grec dont les fenêtres nous laissaient voir, entre les croupes des chevaux et les têtes de l'infanterie, fort peu de chose en vérité. L'attente fut assez longue, mais nous ne perdions pas notre temps. La rue était incessamment sillonnée par des voitures de gala, des généraux à cheval en grand uniforme, des musiques militaires. Une étroite ruelle qui s'ouvrait sur le côté de notre café était barrée par une demi-douzaine de Tcherkesses, bons cavaliers et soldats finis. A tout moment, des ordonnances, des cochers ou des valets de pied de grandes maisons forçaient leur ligne pour introduire et emmagasiner dans la ruelle, soit un cheval d'officier, soit une voiture, soit une paire de carrossiers dételés. Ils se prêtaient à tout sur l'ordre de leur chef avec une souplesse étonnante et se reformaient aussitôt. J'ai vu ce jour-là un bon lot de soldats turcs, et dans le nombre des gaillards vraiment pittoresques, comme les zouaves du Soudan. Tous ces hommes, sans exception, m'ont frappé par leur tenue, leur discipline, leur physionomie martiale. Je comprends que les Roumains et les Russes victorieux en parlent avec tant d'estime. Un des traits caractéristiques de cette armée est qu'elle compte beaucoup d'hommes faits, de vieux soldats, de sous-officiers émérites. Hélas! faut-il venir si loin de France pour retrouver le grognard de trente ans, ce type éminemment français!

Une immense acclamation, accompagnée d'un déchaînement de musique, nous annonce l'arrivée du sultan. Tout ce que j'en ai distingué, c'est un carrosse magnifique conduit par un cocher rouge et or. Non loin de là, devant la mosquée, un obligeant voisin me montre des féredjés de soie et de jolis enfants dans des voitures dételées : c'est la famille du sultan. Je me suis fait traduire les acclamations qui tout à l'heure ont salué le passage d'Abd-ul-Medjid. Les soldats ont crié littéralement : « Qu'il vive beaucoup! » Et une autre voix, la voix de l'esclave romain qui suivait le char de triomphe : « Ne t'enivre point de ta gloire et songe que Dieu est bien plus grand que toi! » Mais le commandeur des croyants, l'héritier des khalifes, a fini sa prière; il est sorti de la mosquée et il passe devant nous, grave, un peu triste, sur un magnifique cheval blanc. Il répond aux vivats de ses soldats par le salut militaire. Sa figure, plus allongée que je ne supposais et plus conforme au type persan qu'au type turc, est d'une régularité parfaite; il a le geste noble et l'air majestueux. On me montre le grand vizir Saïd-Pacha, qui n'est pas beau de la même façon que son auguste maître, il s'en faut de tout; mais l'intelligence, le travail et la volonté se lisent à livre ouvert sur cette physionomie d'honnête homme. Je ne suis pas bien sûr d'avoir vu l'illustre Osman-Ghazi-Pacha, et je le regrette sincèrement; mais j'ai vu le cheikh-ul-islam, chef de la religion, ou plutôt cardinal-vicaire du sultan qui est pape dans son empire, et même hors de son empire, dans l'extrême Orient, en Afrique, partout où le Koran résume la foi et la loi. Les curieux remarquaient aussi un cavalier gros comme le poing et affublé d'un costume de général. C'est le bouffon du sultan et très probablement le dernier fou en titre d'office dont il sera fait mention dans l'Almanach de Gotha. Le cortège impérial est vraiment beau; je n'ai qu'un reproche à lui faire : c'est qu'il a passé devant

nous comme un tourbillon, sans nous laisser le
temps d'admirer. Quelques chercheurs de petite bête assurent que, même dans ces splendeurs, le laisser aller propre au Turc se trahit
par certaines négligences de détail. Ils ont remarqué, par exemple, d'admirables chevaux du
Nedj qui avaient la gourmette rouillée et des
harnais dorés à l'or fin qui laissaient voir un
peu de bourre; mais, Dieu merci! je n'ai pas
d'assez bons yeux pour perdre toute illusion.
Aussitôt que la route est un peu déblayée, nous
sortons de notre cabaret et nous courons reprendre nos voitures. Le retour est fort gai : nous
rencontrons à chaque instant, dans des coupés
ou des landaus bien attelés, des femmes élégantes, fort jolies dans le peu qu'on en voit, et
que le krach dont nous parlions hier n'a certainement pas atteintes ni même effleurées. Il paraît qu'un récent édit du sultan met aux abois
ces gazelles aux grands yeux peints. Le maître a
décidé qu'elles remplaceraient leur voile transparent par des voiles sérieux. Ce serait en vérité
grand dommage, car le *yachmak*, tel qu'on le
porte aujourd'hui, donne une satisfaction rai-

sonnable au passé sans assombrir le présent ; il embellit même les jolies Circassiennes, et généralement toutes les Turques, en allongeant leur aimable visage, que la nature a fait un peu trop large et trop court. Un concert de protestations s'élèvent déjà de tous côtés contre la nouvelle loi somptuaire. Ce n'est pas seulement le beau sexe qui réclame ; on compte dans l'empire ottoman soixante-dix mille fabricants de *yachmaks* qui ne se laisseront pas ruiner sans crier, et Abd-ul-Hamid n'est pas sourd aux doléances de ses sujets.

L'infatigable organisateur de nos plaisirs, M. Weil, ne veut pas que nous quittions ce pays sans avoir goûté aux douceurs de la villégiature. Un déjeuner nous attend à Thérapia, sur la côte d'Europe, au milieu des palais et des villas du monde diplomatique et de la haute finance. Il est dit qu'en sortant de table nous irons fumer un cigare aux Eaux-Douces d'Asie. Les bateaux à vapeur du Bosphore vont partout et font constamment la navette entre les diverses échelles.

Thérapia ne perd pas trop à être admiré de

tout près ; la cuisine de l'hôtel d'Angleterre et
son vin plat de Roumélie sont supportables.
Les petits stationnaires des ambassades, dont
un seul, le nôtre, a le droit d'avoir sa planche à terre, animent et égayent le paysage.
Le palais de France a grand air entre le quai
et un vaste jardin plein de vieux arbres et de
fiers rochers. Le marquis de Noailles ne doit
pas regretter trop amèrement ici l'admirable
château de ses pères et les beautés classi-
ques du parc de Maintenon. Malheureusement
l'homme, ou du moins le Français, ne sait jouir
de rien sous la pluie ; cette infirmité de notre
race donne aux citoyens d'Angleterre un notable
avantage sur nous. Arrivés à Thérapia par un
temps assez morne, nous avons été légèrement
mouillés avant de nous asseoir à table ; puis le
ciel a paru se remettre, et nous sommes partis
à pied pour l'échelle de Buyukdere, où nous
espérions prendre le bateau qui touche à Beïcos
en Asie. Mais nous n'étions pas encore à cinq
cents mètres de l'ambassade d'Angleterre qu'un
vrai déluge s'est abattu sur nous. Le ciel fondait
en eau : la pluie criblait la mer, aussi calme que

le lac d'Enghien en juillet. Bon gré mal gré, il fallut revenir sur nos pas, rentrer à l'hôtel et retourner piteusement à Constantinople par le vapeur qui nous avait amenés ; mais le climat est si capricieux dans ce pays que nous trouvons le ciel bleu et la mer houleuse en rentrant à Constantinople. L'averse a été pour nous seuls ; il n'a pas plu en ville de la journée.

Grande fête le soir à notre hôtel. Le patron, M. Flament, a profité de notre passage pour faire baptiser son dernier enfant, qui est une fillette de six mois ; elle s'appellera Léopoldine, en l'honneur du roi des Belges, qui s'intéresse à la Compagnie des wagons-lits, encourage toutes les œuvres de progrès et jette noblement les millions de sa cassette particulière dans l'entreprise internationale du Congo. Le parrain est M. Mathieu-Delloye et la marraine Mme Von Scala. On boit force vin de Champagne à la santé de l'enfant, qui s'excuse par interprète de ne pas rendre toast pour toast, les gobelets dont elle a coutume de se servir ne figurant pas sur la table.

Nous devions couronner la fête par une représentation de Karagheuz et par un ballet de tziganes. Les tziganes ont fait défaut, soit que la police turque ait été une fois par hasard en veine de puritanisme, soit plutôt, je le crains, parce que les intermédiaires auront fait des conditions inacceptables. Mais Karagheuz nous a donné la comédie dans un cabaret de Péra frété *ad hoc*. Ce personnage est un guignol excessivement libre, une impudente ombre chinoise qui de tout temps a eu le privilège d'égayer non seulement les hommes, mais les femmes, les gamins et les petites filles, durant les nuits du Rhamadan. Mais nous ne sommes pas en Rhamadan, et la grosse gaieté de Karagheuz se réserve pour des temps meilleurs. Peut-être aussi n'a-t-on pu nous offrir qu'un Karagheuz de pacotille; le fait est qu'il nous a médiocrement amusés.

Le samedi 13 octobre était pour le gros de notre caravane le jour du départ, et déjà, pour quelques-uns d'entre nous, le jour des adieux. M. de Blowitz ne voulait pas quitter Constantinople sans avoir obtenu une audience du sultan. Il s'était bouté en tête d'*interwiewer*

Abd-ul-Hamid, peut-être même de le décorer ; et, pour mener à bonne fin ce projet qui n'allait pas tout seul, il avait mis sur pied l'ambassade de France, l'ambassade d'Angleterre, l'ambassade d'Italie, une bonne moitié du corps diplomatique. Nous allions donc le laisser là, et, avec lui, son secrétaire, le fils d'Ernest Daudet, qui nous avait tous charmés. Le jeune Tréfeu, du *Gaulois*, avait reçu de son journal une mission en Bulgarie ; on l'envoyait à Sofia chez le prince de Battenberg, qui n'était pas sans avoir besoin de l'appui des journaux monarchiques. Cet aimable garçon se disposait à chevaucher trois ou quatre jours dans la boue ; mais, comme il est aussi bon cavalier que mauvais marin, il était homme à entreprendre le voyage de Kéraban le Têtu plutôt que de passer à nouveau la mer Noire.

La traversée fut pourtant des plus douces pour les passagers assez rares de l'*Espero*. Le bon bateau du Lloyd se mit en route à deux heures de l'après-midi sans se presser, comme s'il eût compati à nos regrets et pris à cœur de nous montrer une dernière fois les merveilles du Bosphore. Le Pont-Euxin justifiait le nom que les anciens lui donnaient par antiphrase : il était clément à ses hôtes. La lune brillait au ciel; hommes et femmes passèrent une partie de la nuit sur le pont à écouter de jolis vers que M. Georges Boyer, lauréat de l'Institut pour le dernier prix Rossini, disait fort bien et même à l'occasion ne chantait pas mal. J'avais à peine fait un premier somme sur la tête de M. Regray lorsque le navire s'arrêta, et que le capitaine nous invita à débarquer sans perdre un moment. On crut d'abord qu'il se moquait, car il était à peine trois heures, et le train ne partait qu'à cinq. Mais il nous expliqua, sans se fâcher, qu'on ne débarquait pas toujours à Varna comme on voulait; que pour l'instant la mer était tranquille, mais qu'elle le serait peut-être moins dans une heure, et que nous avions tout intérêt à gagner le plancher des vaches. Puisqu'il le fallait, nous le fîmes, mais de mauvaise grâce, car la chose n'allait pas sans quelques difficultés. Descendre à tâtons le long du bord, sans lumière ou à la lueur d'un mauvais fanal, s'entasser avec les bagages dans de méchantes barques qui roulent et que le flot heurte les unes contre les autres et arriver enfin tout transis sur une berge fangeuse en plein champ, c'est exactement le contraire d'une partie de plaisir. Mais il avait raison, le capitaine, car le vent se leva bientôt, et il devint si violent qu'à Roust-chouk notre petit vapeur dansait sur le Danube comme sur une mer en furie. Nous avons retrouvé M. de Gisors fidèle au poste dans la gare de Varna; il nous y avait préparé, d'accord avec M. Wiener, un vrai banquet auquel j'eusse fait grand honneur, si j'avais eu l'appétit ouvert avant les yeux, comme le personnage de la chanson. Mais tous les estomacs ne sont pas vétilleux comme les nôtres, témoin cet excellent Bulgare qui, croyant être pour son argent à la table d'hôte du buffet, dévora devant nous un plat de viande froide et de gibier servi pour plus de vingt personnes.

La principauté d'Alexandre de Battenberg nous parut tout aussi maussade au retour qu'à l'aller, et ce fut avec une véritable joie que nous revîmes notre beau train tout battant neuf en gare de Giurgevo. On avait réparé le wagon que nous avions laissé à Munich. Il roula sans s'échauffer jusqu'à Paris, et, si je n'ajoute pas que nous y fîmes bonne chère, c'est pour éviter les redites.

Beaucoup d'amis nous attendaient à Bucarest. J'eus la joie d'y trouver le prince Georges Bibesco, qui était revenu de la campagne exprès pour me serrer la main. Le général Falcoïano et l'ingénieur en chef, M. Olanesco, montèrent en voiture avec nous ; M. Frédéric Damé en fit autant sans savoir ni à quelle station il s'arrêterait, ni quel train il pouvait reprendre, ni s'il serait rentré chez lui le lendemain matin. Ah! que j'aurais voulu m'arrêter quelques jours dans cette riche et pittoresque Roumanie ! J'avais promis, je n'ai pas pu tenir, trop d'affaires me rappelaient ici. Ce sera pour une autre fois : le voyage est devenu si facile ! Le général Falcoïano n'a pas voulu dîner avec nous sans apporter son plat, ou du moins son dessert. Figurez-vous deux larges corbeilles d'osier blanc du poids de cinquante à soixante kilos chacune, remplies l'une de pêches et l'autre de raisins. Les pêches de ce pays ne valent pas celles de Montreuil ;

elles ont la chair un peu dure et presque toujours adhérente au noyau. Mais elles ont bon goût et elles sont vraiment belles. Quant au raisin, au muscat surtout, il est exquis.

Aux approches de la frontière, nous nous sommes croisés avec un autre *Éclair* qui venait de Paris et dont les voyageurs nous ont pris pour ainsi dire à l'abordage. L'un d'eux était M. Phérékyde, l'aimable ministre du roi Charles auprès du gouvernement français. Croyez bien que je ne lui ai pas dit de mal de son pays.

La dispersion des passagers de l'*Espero* commence à Pest; elle prend des proportions sérieuses à Vienne, où nous perdons non seulement M. Von Scala et ses gracieuses compagnes, mais plusieurs Français attirés par l'aimant de l'Exposition. Nous espérions rentrer en possession de M. Georges Cochery, l'*alter ego* du ministre des postes, et des deux hommes éminents que nous avions laissés avec lui; mais ils nous ont faussé compagnie à notre grand regret.

Je ne vous dirai rien de l'Allemagne, et je vous demande la permission de garder pour moi seul, ou pour mes fils et moi, les sentiments que j'ai éprouvés devant les nouveaux forts de Strasbourg. Le mardi matin, vers dix heures, nous avons passé par Saverne, et dans un pli des Vosges, derrière un rideau de grands arbres que j'ai plantés, j'ai aperçu une maison qui m'est chère et douloureuse entre toutes. J'y ai vécu douze ans dans le bonheur et dans la paix ; j'y ai écrit la moitié de mes livres ; j'y ai vu naître les quatre aînés de mes enfants. Depuis l'année terrible, cette propriété, payée de mon travail, est indivise entre M. de Bismarck et moi. J'en suis le maître, car j'ai toujours refusé de la vendre, mais le grand chancelier m'interdit d'y remettre les pieds, en vertu de la loi du plus fort. J'y suis entré pour la dernière fois dans l'automne de 1872. Les gendarmes prussiens sont venus m'y chercher ; ils m'ont mis en prison pour m'apprendre que c'est un crime d'être Français en Alsace. La maison rit là-bas sous son manteau de vigne vierge et de glycine, et moi je pleurerais peut-être un peu si j'étais seul. Mais nous voici dans les défilés de la montagne ; nous passons sous les six tunnels dont chacun pouvait arrêter l'ennemi pendant un mois et que nos généraux n'ont pas fait sauter par oubli. Jamais nos rochers de grès rouge ne m'ont paru si fiers ; jamais nos forêts de hêtres et de sapins n'ont été si belles. La couleur sombre des résineux fait çà et là une tache superbe sur les feuillages uniformément dorés par l'automne. Quel beau et bon pays nous avons perdu là ! Y pensez-vous de temps en temps, vous qui portez le nom de Français ? Moi, j'en ai l'âme empoisonnée.

Avricourt, Nancy, Bar-le-Duc, Châlons, Paris, le reste du voyage n'est plus qu'une jolie promenade dans la banlieue. Nous brûlons tant soit peu les rails, car nous avions un retard de deux heures, et l'on a tout regagné depuis Vienne, si bien que notre odyssée se termine à six heures du soir, montre en main. Nombre d'amis et de curieux nous accueillent sur le quai de Paris. Je remarque au premier rang la très sympathique figure de M. Moreau-Chalon, vice-président de la Compagnie, qui s'excuse de n'avoir point partagé tous nos plaisirs avec nous. Mais c'est M. Nagelmackers qui a dit le mot de la fin. M. Grimprel lui demandait comment nous pourrions reconnaître une telle hospitalité ?

« Mais c'est bien simple, répondit-il ; en venant dîner chez moi. »

N'est-ce pas là la grandeur et la bonhomie belges peintes par elles-mêmes et d'un seul trait ?

LE GRAIN DE PLOMB

LE GRAIN DE PLOMB

———

De mon temps (je veux dire au bon temps de notre chère Alsace), M. Franck, de Saverne, était cité dans les deux départements comme un chasseur accompli. On ne lui connaissait pas de rival sur la rive gauche du Rhin, depuis Huningue jusqu'à Lauterbourg. Ce notaire de cinquante ans faisait l'étonnement des forestiers les plus jeunes et les plus fringants. Marcheur infatigable, tireur presque infaillible, il possédait surtout à un rare degré la *promptitude de l'esprit*, la droiture du coup d'œil, le flegme en pleine action et la prudence qui est une vertu sans prix à la chasse. Je ne lui ferai pas l'injure d'ajouter qu'il ne chassait point, comme tant d'autres gros bonnets de l'arrondissement, pour vendre son gibier à l'aubergiste du Soleil-d'Or. Il était non seulement le plus loyal et le plus désintéressé, mais le plus courtois des compagnons : soit chez lui, soit chez les autres, il faisait les honneurs du chevreuil ou du lièvre au voisin plus pressé qui voulait tirer avant lui, se réservant d'abattre la pièce quand elle aurait été manquée. Mais, entre tant de qualités, la plus extraordinaire à mes yeux était cette prudence toujours en éveil qui semblait le constituer gardien de toutes les existences d'alentour. Je le vois encore avec nous, sur le chemin grimpant du Haberacker, le jour de la battue où il me fit tuer le sanglier. Ce grand gaillard, tout uni de la tête aux pieds, vêtu de gros drap gris, avec ses bottes de cuir de Russie, son chapeau de feutre marron et sa cravate longue fixée par une épingle d'argent ciselé, courait en marge de la compagnie comme un chien de berger qui aurait trente hommes sous sa garde. Il avait l'œil à tout, et sans trancher du pédagogue, sans se faire voir, sans froisser aucun amour-propre, il redressait un canon de fusil, en abaissait un autre, avertissait d'un mot familier le vieux garde Hieronymus, qui portait sa carabine en ligne horizontale. Pas d'accidents possibles avec lui : lorsque nous fermions une enceinte, il nous postait lui-même à des distances exactement calculées, chacun derrière un arbre, et je n'oublierai de ma vie le petit geste très poli, mais sans réplique, qui voulait dire : « Restez là et n'en bougez sur votre vie, quoi qu'il arrive, tant que le son de mon cornet ne vous aura pas rappelé. » La chasse terminée, il ne commandait rien à personne, mais il disait de sa belle voix profonde :

« Je crois, messieurs, que nous pouvons décharger nos armes. »

Il prêchait d'exemple, et chacun retirait ses cartouches, comme lui. Cette manœuvre lui était si naturelle, qu'à la rencontre du moindre obstacle il l'exécutait tout en marchant et comme par instinct. Un jour d'ouverture, dans la plaine de Bischwiller, je l'ai vu sauter vingt fossés en moins d'une heure, sans oublier une seule fois d'empocher ses cartouches, ce qui ne l'empêcha nullement de tuer six perdreaux et deux lièvres dans les houblons, les trèfles et les tabacs qui poussaient entre les fossés.

J'admirais fort cette présence d'esprit au milieu du plus entraînant de tous les exercices et cette constante préoccupation de la vie d'autrui. Tous mes efforts tendaient à copier un si parfait modèle, mais il ne suffit pas de bien vouloir pour bien faire; aussi m'oubliais-je souvent. Un jour que nous étions assis sur l'herbe, en tête à tête, devant un déjeuner rustique que le grand air et la saine fatigue assaisonnaient royalement : « Maître Frank, lui dis-je, je sais que je n'égalerai jamais votre adresse; mais je voudrais au moins devenir aussi prudent que vous. Ce n'est pas chose facile, puisqu'à mon âge et après une certaine expérience de la chasse j'ai des distractions dangereuses pour le voisin et pour moi-même. Combien vous a-t-il fallu d'années pour acquérir une vertu que j'envie? »

Il tressaillit et ses yeux se voilèrent, mais, dominant aussitôt cette émotion, il répondit : Cher ami, mon éducation s'est faite en un mois, mais jamais homme ne fut mis à si rude école.

Vous préserve le ciel d'acheter la prudence au même prix ! »

Tout en parlant, il assujettissait entre les plis de sa cravate cette épingle d'argent qu'il portait toujours à la chasse.

Je craignis d'avoir été indiscret, et j'allais m'excuser, lorsqu'il reprit d'un ton résolu :

« Au fait, il ne faut pas que ce souvenir meure avec moi. Peut-être la leçon que j'ai reçue et que je ne puis transmettre à mes enfants, n'en ayant point, servira-t-elle aux enfants des autres. Tout le monde ignore à Saverne que ce fameux chasseur, connu par sa monomanie de précaution ridicule, a failli être parricide à quinze ans. Oui, mon premier coup de fusil pensa coûter la vie à mon père.

« Je venais d'achever ma troisième au collège de Strasbourg, et le bon papa Franck, Dieu ait son âme ! m'avait promis un fusil à un coup si j'enlevais le prix d'histoire. J'eus donc le prix et le fusil. Vous jugez de ma joie. Le démon de la chasse me tracassait depuis longtemps, comme tous les petits Alsaciens de mon âge : j'avais déjà passé bien des heures de vacances à porter le carnier dans la plaine, à suivre les rabatteurs sous bois, ou à faire tourner le miroir aux alouettes. La possession d'un fusil me grandissait à mes propres yeux et aux yeux de mes camarades : j'étais un homme !

« Malheureusement à mon gré, la loi ne me permettait pas d'obtenir un permis de chasse. Je ne pouvais chasser qu'en lieu clos, par exemple dans notre jardin des bords de la Zorn; mais on n'y avait jamais vu d'autre gibier que des pinsons et des fauvettes; or mes parents considéraient la destruction de ces innocents comme un crime. D'ailleurs, il fallait protéger contre ma maladresse un jeune frère et deux sœurs que j'avais. Le fusil neuf risquait donc de demeurer au clou, si mon père n'avait eu pitié de mes peines. — Tôt ou tard, me dit-il, il faudra que tu apprennes à manier une arme, et je ne vois pas grand mal à commencer dès aujourd'hui. Je t'emmène à Haegen, où j'ai un acte à faire signer, et, au retour, nous irons tirer un lapin dans la garenne du Haut-Barr : M. de Saint-Fare m'a confié la clef. Prends les deux bassets au chenil. »

« Je ne me le fis pas dire deux fois. Ah! le joyeux départ! Et que la route me parut longue! De quel cœur je donnai au diable ce paysan de Haegen qui se fit traduire mot par mot l'acte notarié, avant d'y mettre sa signature! Il me semblait toujours que la nuit allait nous surprendre et que la chasse serait remise au lendemain. Les bassets, qui hurlaient au fond de la voiture, étaient moins impatients que moi.

« L'affaire se termina pourtant, et vers cinq heures nous arrivions à la porte de la garenne. J'attachais le cheval à un arbre, mon père chargeait nos fusils, lentement, avec le soin qu'il mettait aux moindres choses, et les chiens étaient découplés.

« Mon père me posta au coin d'une jeune taille avec toutes les recommandations en usage : surveiller les deux chemins, jeter le coup de fusil sur le lapin aussitôt vu, ne pas tirer si les chiens suivaient de près, et surtout rester ferme en place, quoi qu'il pût arriver, tant qu'il ne me rappellerait point. Là-dessus, il partit, fort tranquille et comptant sur mon obéissance, pour se placer lui-même à l'angle opposé, hors de ma portée. J'étais là depuis trois minutes quand les chiens chassèrent à vue, et presque au même instant un lapin qui me parut énorme débucha sur ma gauche, à dix pas, franchissant le sentier d'un bond. Il était déjà loin, les chiens l'avaient suivi, et moi, je n'avais pas encore pensé à mettre en joue. J'eus conscience de ma sottise et je me promis de dire que je n'avais rien vu : tant le mensonge est une inspiration naturelle au chasseur le plus neuf! Mais la voix des bassets me réveilla en sursaut, et cette musique poignante, qui fait battre les cœurs les plus blasés, me jeta dans une sorte d'ivresse. Le lapin revint sur ses pas, loin de moi, et il se mit à suivre le chemin en courant tout droit devant lui. Je m'élançai à sa poursuite, il m'entendit et rentra dans la première enceinte; je l'y suivis à travers les ronces, les genêts, les bruyères, sans le perdre de vue et ne voyant que lui. Il s'arrête, j'épaule, je tire, et il fait la culbute. Avant le coup, il était gris; après le coup, il était blanc, le ventre en l'air. Mais au même instant j'aperçois mon père, appuyé contre un arbre à six pas derrière l'animal. J'avais tué ce maudit lapin dans les jambes de mon père !

« A dire vrai, la joie me fit d'abord oublier la faute. Je sautai sur ma victime comme un jeune sauvage, et l'élevant au-dessus de ma tête, je m'écriai :

« — Papa ! voici mon premier coup de fusil.

« — Ce n'est pas tout de bien viser, répondit-il avec un sourire triste ; il faut encore obéir. Si tu étais resté à ton poste, tu n'aurais pas risqué de m'envoyer du plomb.

« — Vous n'en avez pas reçu, j'espère ?

« — Non, non ; mais sois prudent une autre fois.

« Son visage me parut plus pâle que d'habitude ; je me baissai et je vis de petites déchirures à son pantalon. — Dieu me pardonne, papa ! vous aurais-je touché ? Voici comme des trous...

« — Ils y étaient. Regarde-toi : les ronces t'en ont fait bien d'autres.

« C'était la vérité, pour moi du moins, et mes inquiétudes se dissipèrent en un clin d'œil. Nos bassets, Waldmann et Waldine, après avoir houspillé le cadavre de mon lapin, étaient partis sur une autre piste, et j'attendais impatiemment

que mon père voulût bien recharger mon fusil.
— Allons-nous-en, me dit-il; c'est assez pour un premier jour. Nous recommencerons la partie un de ces quatre matins, s'il plaît à Dieu.

« Il rappela les chiens, regagna notre voiture sans boîter visiblement et me ramena au logis. Je remarquai qu'il ne descendait pas sans effort et qu'il traînait un peu la jambe. — Vous souffrez? lui dis-je. Il m'invita brusquement à rentrer les fusils, et je le vis monter d'un pas lourd à sa chambre.

« Mon frère et mes deux sœurs accoururent du fond du jardin; ce fut à qui me féliciterait de ma chasse. Mais j'étais trop soucieux pour triompher cordialement, et, tout en jouant avec eux dans le vestibule, j'ouvrais l'œil et je tendais l'oreille. Je vis sortir notre vieille servante Grédel, et au bout de quelques minutes le docteur Maugin, notre ami, entra tout affairé et grimpa au premier étage sans remarquer que nous étions là. Il demeura jusqu'au moment de notre souper, et je suppose qu'il repartit pendant que nous étions à table. Notre mère s'assit avec nous, calme et douce comme toujours, mais soucieuse. — Papa n'a pas faim, nous dit-elle; il est un peu fatigué et il souffre d'un rhumatisme, mais ce n'est rien; dans trois ou quatre jours il n'y paraîtra plus. Vous viendrez l'embrasser tout à l'heure.

« J'avais le cœur bien gros; je ne mangeais que du bout des dents, et je regardais cette pauvre mère à la dérobée, craignant de lire ma condamnation dans ses yeux. Aucun blâme ne parut sur son visage; mais elle non plus n'avait pas faim, et elle semblait attendre avec impatience que le petit Antoine (c'est mon frère le président) eût achevé ses prunes et ses noix. Aussitôt les serviettes pliées, elle nous précéda pour voir si tout était en ordre dans la chambre, et nous cria du haut de l'escalier : — Montez dire bonsoir à papa.

« J'arrivai le premier de tous, grâce à mes longues jambes. Il était étendu sur le dos, avec trois oreillers sous la tête, mais il n'avait pas l'air de trop souffrir. Je l'embrassai en retenant mes larmes et je lui dis à l'oreille : — Cher père, jurez-moi que je ne suis pas un malheureux!

« — Albert, répondit-il, tu es un bon garçon,

et je t'aime de tout mon cœur : voilà ce que j'ai à te dire.

« Les petits, accourus sur mes pas, se mettaient en devoir d'escalader son lit, comme ils l'avaient fait tant de fois le matin, dans leurs longues chemises. — Prenez garde! leur cria-t-il, j'ai un peu de rhumatisme aujourd'hui. »

« Moi seul je ne pouvais pas croire à cet accès subit et violent d'un mal qu'il n'avait jamais eu. Je promenais les yeux autour de moi, cherchant quelques indices de la terrible vérité. A la lueur de la bougie qui éclairait bien mal la vaste chambre, je reconnus le pantalon qu'il portait à la chasse. On l'avait accroché à l'espagnolette d'une fenêtre, et il me sembla que l'étoffe était fendue dans toute sa longueur. Mais ce ne fut qu'un soupçon, car aussitôt ma mère, qui sans doute avait suivi mon regard, alla tranquillement fermer les grands rideaux.

« Je vous laisse à penser si cette nuit me parut longue. Impossible de fermer les yeux sans voir la pauvre jambe de mon père, criblée de plomb et tellement enflée que le docteur coupait le vêtement de coutil pour la mettre à nu. Mais je n'étais pas au bout de mes peines : les jours suivants furent de plus en plus mauvais. Notre cher malade ne pouvait plus dissimuler ses souffrances; ma mère cachait mal son inquiétude; les enfants eux-mêmes pleuraient à tout propos, par instinct, sans savoir pourquoi. Le digne et bon ami de la famille, M. Maugin, venait pour ainsi dire à toute heure du jour. Je ne pouvais plus faire un pas dans la rue sans répondre à mille questions qui me mettaient au supplice. Aussi, le plus souvent, restais-je enfermé, sous prétexte d'achever mes devoirs de vacances. On m'avait installé une petite table dans un coin du cabinet de mon père, entre l'étude et le salon. J'y demeurais beaucoup, mais j'y travaillais peu. Le plus clair de mon temps se passait à feuilleter machinalement Dalloz ou le *Bulletin des lois*, quand les larmes ne m'aveuglaient pas tout à fait.

« Cela durait depuis quinze grands jours, lorsqu'un matin, entre onze heures et midi, je vis par la fenêtre notre excellent docteur suivi de trois messieurs d'un certain âge, décorés. Ils montèrent tout droit à la chambre de mon père, et, après une visite d'un quart d'heure, ils descendirent au salon pour se consulter ensemble. Je ne me fis aucun scrupule d'écouter à la porte, car il y allait non seulement du repos de ma conscience, mais encore de nos intérêts les plus chers. Le peu que je saisis, à bâtons rompus, me fit dresser les cheveux sur la tête. Il y avait un plomb, un plomb de mon fusil, dans l'articulation du genou; on parla de phlegmon, de phlébite, et ces mots que j'entendais pour la première fois se gravèrent dans ma mémoire comme sur une planche d'acier.

« Les savants praticiens s'accordaient sur la gravité du cas et sur l'urgence d'une opération, mais aucun n'en voulait courir le risque. La responsabilité était trop grande et le succès trop incertain. On craignait que le malade, épuisé par quinze jours de souffrances, ne succombât entre les mains de l'opérateur. Une grosse voix répéta à quatre ou cinq reprises : « J'aimerais mieux « extraire dix balles de munition! » M. Maugin seul insistait, disant qu'il pouvait garantir la vigueur physique et morale de son malade. Il s'anima si bien qu'il finit par leur dire : « J'irai

« chercher M. Sédillot, qui sera plus hardi que
« vous. » Là-dessus, je n'entendis plus qu'un tumulte de voix confuses, de portes ouvertes et fermées, et la maison rentra dans sa lugubre tranquillité.

« Notre docteur ne revint pas de la journée, et j'en conclus qu'il allait chercher le grand chirurgien de Strasbourg. La chose était d'autant plus vraisemblable que le lendemain matin, à six heures, notre mère nous fit habiller, nous conduisit dans la chambre du père, qui nous embrassa tous avec une solennité inaccoutumée, puis elle nous embarqua sur le vieux char à bancs en me recommandant les petits. — Mon enfant, me dit-elle, ton oncle de Hochfeld vous attend pour la fête, qui doit commencer dans trois jours. L'exercice et le changement d'air vous feront grand bien, à toi surtout qui mènes la vie d'un prisonnier. Ne t'inquiète pas de la santé de ton père : à partir d'aujourd'hui, il ira de mieux en mieux.

« La chère femme me trompait par pitié, comme mon père m'avait trompé lui-même. L'opération était décidée, elle était imminente,

11

puisqu'on nous éloignait ainsi. L'étonnement de mon oncle à mon arrivée me prouva qu'on n'avait pas même pris le temps de l'avertir. Plus de doute, pensai-je, c'est pour aujourd'hui. Ma place est à la maison ; j'y vais. Je partis donc à pied, sans prendre congé de personne, et en moins de trois heures j'arpentai les quatre lieues qui séparent Hochfeld de Saverne.

« Je vous fais grâce des tristes réflexions qui me poursuivaient sur la route. Au repentir de ma faute se joignait déjà le souci de l'avenir ; ma raison avait vieilli de dix ans dans une quinzaine. Je savais que nous n'étions pas riches. L'étude était payée, mais on devait encore sur la maison. Or l'étude valait surtout par la bonne réputation de mon père. Que deviendraient ma mère et les enfants, s'il fallait tout vendre à vil prix ? J'étais un bon élève, mais à quoi peut servir un collégien de troisième ? De quel travail utile est-il capable ? J'enviais mes voisins, mes camarades pauvres qui avaient appris des métiers et qui depuis un an commençaient à gagner leur pain.

« Au lieu de rentrer chez nous par la rue, je

suivis les ruelles, je traversai la rivière qui était basse et j'arrivai ainsi sous nos fenêtres, du côté du jardin. J'étais encore à dix pas de la maison lorsqu'un cri de douleur que la parole ne peut traduire me cloua raide sur mes pieds. En ce temps-là, les chirurgiens ne se servaient ni de l'éther ni du chloroforme pour assoupir leurs patients; ils taillaient dans la chair éveillée, et la nature hurlait sous le scalpel. Je ne sais pas combien de temps dura le supplice de mon père et celui que j'endurais par contre-coup : lorsque je repris possession de moi-même, j'étais couché à plat ventre au milieu d'une corbeille de géraniums, avec de la terre plein la bouche et des fleurs arrachées dans mes deux mains. On n'entendait plus aucun bruit.

« Je me lève, je me secoue, j'entre dans la maison plus mort que vif et le cœur en suspens. Au pied de l'escalier, je rencontre ma pauvre mère :

« — Eh bien, maman?

« — Rassure-toi. Ce qui était à faire est fait, et le docteur répond du reste.

« Elle songea ensuite à s'étonner de me voir là, à me gronder de ma désobéissance et à plaindre mes habits neufs que la poussière de la route, l'eau de la Zorn et la terre du jardin avaient joliment arrangés.

« Notre cher malade dormait; on lui cacha mon retour jusqu'à la fin de la semaine, de peur de le mécontenter, car c'était sur son ordre qu'on nous avait éloignés. Cependant il fallut lui apprendre la vérité; ma mère n'avait point de secrets pour lui. Il voulut me voir, me rassurer lui-même et me montrer qu'il avait déjà bon visage. Ce fut un heureux moment pour nous tous; il pleura presque autant que ma mère et moi.

« — Cher papa, lui dis-je en essuyant ses larmes, je sais tout. Pourquoi m'avez-vous trompé, vous la vérité même?

« — Je ne m'en repens pas, répondit-il. Quelquefois, rarement, le mensonge est un devoir. Si un malheur était arrivé, fallait-il donc attrister toute la vie?

« — N'importe! je sens bien que je ne me consolerai jamais.

« — Je te consolerai, moi. D'abord, nous ne nous quitterons plus jusqu'à la rentrée. Tu seras mon garde du corps. Pauvre enfant! Tu as assez souffert de mon mal pour jouir un peu de ma convalescence.

« De ce jour commença entre nous une intimité presque fraternelle qui me le rendit plus cher et me rendit plus sage. Ce terrible accident m'avait enseigné la prudence; le courage et la bonté de mon père achevèrent mon éducation par l'exemple.

« Un soir que je me lamentais à son chevet selon mon habitude, car il fut guéri bien avant que je fusse consolé, il me dit : — Nous avons été aussi étourdis l'un que l'autre. Ta faute est de ton âge, mais moi j'aurais dû la prévoir et me tenir en garde. Mon rôle de professeur et de père n'était pas d'attendre un lapin, à 200 mètres de toi, mais de te suivre et de te diriger, sans chasser pour mon propre compte. Et c'est ainsi que je ferai l'an prochain.

« — Non! m'écriai-je avec force. Je ne chasserai plus jamais.

« — Tu chasseras, mon ami. Je le veux, parce que la chasse est un exercice admirablement inventé pour dégourdir les jambes des notaires.

D'ailleurs un temps viendra peut-être où tout Français qui aura l'habitude des armes vaudra quatre hommes pour la défense du pays.

« Ma mère ne se faisait pas aisément à l'idée d'avoir deux chasseurs dans la maison. Pauvre femme, qui après seize ans de mariage tremblait encore chaque fois que papa prenait son sac et son fusil. — Enfin ! disait-elle, il faut souffrir ce qu'on ne peut empêcher. Mais, si Albert doit retourner à la chasse, je lui donnerai un talisman qui le préservera de l'imprudence !

« Ce talisman, je l'ai encore, et le voici. C'est l'épingle que vous avez peut-être remarquée à ma cravate. Voyez-vous cette colombe d'argent qui porte au bout d'une chaînette un grain de plomb n° 7 ? La pauvre chère maman Franck l'a fait ciseler à mon intention par Heller, le plus habile artiste de Strasbourg. Cette molécule de métal, réduite à presque rien par le frottement, est celle qui a failli tuer mon père. Comment un homme pourrait-il s'oublier lorsqu'il a tous les jours de chasse un tel souvenir sous les yeux ? »

Ici finit la narration de M. Franck, mais son histoire mérite encore un supplément de quelques lignes. En 1870, à l'âge de cinquante-sept ans, ce notaire prit un fusil pour chasser la grosse bête dans nos montagnes. Quelques lurons du pays le suivirent, et il devint, comme qui dirait, capitaine de francs-tireurs. Au commencement de novembre, tous ses compagnons étant morts, ou blessés, ou malades, il arriva toujours vert à Belfort et s'engagea au 84ᵉ de ligne. On forma une compagnie d'éclaireurs, il en fut, et il prouva dans mainte occasion, selon la parole de son père, qu'un bon chasseur peut valoir quatre hommes pour la défense du pays.

DANS LES RUINES

(Avril 1857.)

DANS LES RUINES

(Avril 1867.)

J'avais entrepris un voyage moins long, mais plus périlleux que le tour du monde : j'allais du passage Choiseul au Théâtre-Français par la butte des Moulins. A la moitié du chemin, je compris que je m'étais fourvoyé dans une démolition générale, mais il y avait presque autant d'imprudence à reculer qu'à poursuivre ou à rester. Devant, derrière, à droite, à gauche, partout, les pans de mur s'écroulaient avec un bruit de tonnerre, des nuages de poussière obscurcissaient le ciel, les ouvriers criaient gare en brandissant de longues lattes, les chariots, chargés de décombres, creusaient des vallées de boue entre des montagnes de plâtras; la terre tremblait; il pleuvait des moellons et des briques.

Un Limousin prit pitié de ma peine ; il me tira de la bagarre et me mit en sûreté sous un arceau de porte cochère, dans un endroit où le travail chômait pour le moment. Mon refuge se trouvait sur la limite de l'îlot condamné; derrière moi, la route était libre; rien ne m'empêchait plus d'aller à mes affaires : je demeurai pourtant, retenu par une attraction secrète. Les badauds ne sont pas nécessairement des sots; les plus fins Parisiens prennent plaisir aux petits spectacles de la rue, et j'en avais un grand sous les yeux. Aucun effort de l'activité humaine ne saurait être indifférent à l'homme; le travail des démolisseurs est un des plus saisissants, parce qu'il est suivi d'effets instantanés : on détruit plus vite qu'on n'édifie. Les maçons spécialistes qui font des ruines semblent plus entraînés et plus fougueux que les autres. Observez-les. Vous lirez sur leurs visages poudreux une expression de fierté sauvage et de joie satanique. Ils crient de joie et d'orgueil lorsqu'ils abattent en un quart de minute tout un pan de muraille qu'on a mis deux mois à bâtir. Je ne sais quelle voix intérieure leur dit qu'ils sont les émules des grands fléaux, les rivaux de la foudre, de l'incendie et de la guerre.

Je ne professe pas le culte des fléaux ; la destruction inutile me fait horreur, et, si je m'arrêtais à l'admirer, je croirais que mes yeux deviennent ses complices. Mais ceux qui rasent un vieux quartier sale et malsain ne font pas le mal pour le mal. Ils déblaient le sol, ils font place à des constructions meilleures et plus belles. Comme les grands démolisseurs du xviiⁱ siècle qui ont fait table rase dans l'esprit humain, je les admire et j'applaudis à cette destruction créatrice.

A première vue, j'en conviens, le spectacle est cruel. Voilà un quartier qui n'était pas brillant, qui n'était pas commode, mais il était habitable après tout. Ces maisons qui s'écroulent par centaines abritaient bien ou mal quelques milliers d'individus ; on a sué, peiné pour les construire ; elles pourraient durer encore un siècle ou deux. Avant un mois, tout le labeur qu'elles représentaient, tous les services qu'elles pouvaient rendre seront mis à néant ; il n'en restera rien que le sol nu.

Mais si le sol nu, déblayé, nivelé, avait plus de valeur par lui seul qu'avec toutes les maisons qui l'encombrent, il s'ensuivrait que les démolisseurs lui ajoutent plus qu'ils ne lui ôtent et qu'en le dépouillant ils l'enrichissent. Est-ce possible? C'est certain. Lorsqu'on aura déblayé ces débris, rasé ce monticule, pris un quart du terrain pour des rues larges et droites, le reste se vendra plus cher qu'on n'a payé le tout; les trois quarts du sol ras vont avoir plus de prix que la totalité bâtie. Pourquoi? Parce que les grandes villes, dans l'état actuel de la civilisation, ne sont que des agglomérations d'hommes pressés : qu'on y vienne pour produire, pour échanger, pour jouir, pour paraître, on est talonné par le temps, on ne supporte ni délai ni obstacle; l'impatience universelle y cote au plus haut prix les gîtes les plus facilement accessibles, ceux qui sont, comme on dit, près de tout. Or, les obstacles, les embarras, les montées, les carrefours étroits quadruplent les distances et gaspillent le temps de tout le monde sans profiter à personne; une rue droite, large et bien roulante rapproche et met pour ainsi dire en contact deux points qui nous semblaient distants d'une lieue. C'est à qui se logera sur le bord des grandes routes parisiennes : les producteurs et les marchands trouvent leur compte à s'établir dans le courant de la circulation; les oisifs de notre époque ont l'habitude et le besoin d'aller sans peine et sans retard où le plaisir les appelle. Ceux qui mangent les millions ne peuvent se camper que sur une avenue largement carrossable; ceux qui gagnent les millions ne peuvent ouvrir boutique que sur le chemin des voitures. Ainsi s'explique la plus-value qu'une destruction brutale en apparence ajoute aux quartiers démolis.

A l'appui de mon raisonnement, j'évoquais le souvenir de ces rues étroites, malpropres, infectes, sans air et sans lumière, où une population misérable a végété longtemps, je me tournais ensuite vers l'avenir et je me représentais cette rue ou cette avenue, qui joindra le Théâtre-Français remis à neuf au magnifique édifice du nouvel Opéra. Deux rangées de fortes maisons, hautes et massives, étalent leurs façades de pierre un peu trop richement sculptées; les trottoirs longent des boutiques éblouissantes dont la plus humble représente un loyer de cinquante mille francs, et les calèches à huit ressorts se croisent sur la chaussée. Beau spectacle!

Une réflexion cornue vint se jeter mal à propos au travers de mon enthousiasme. « Ces bâtisses somptueuses que j'admire déjà comme si je les avais vues, ne faudra-t-il pas bientôt les démolir à leur tour? Car enfin nous abattons les vieilles rues parce qu'elles ne suffisaient pas à la circulation des voitures. Plus nous démolissons, plus il faut que Paris s'étende en long et en large. Plus il s'étend, plus les courses sont longues, plus il est impossible de parcourir la ville à pied, plus le nombre des voitures indispensables va croissant. Le boulevard Montmartre était ridiculement large, il y a une vingtaines d'années; le voilà trop étroit : il sera démoli. A plus forte raison, la rue Vivienne, la rue Richelieu, la rue Saint-Denis, la rue Saint-Martin, toutes celles dont la largeur faisait pousser des cris d'admiration à nos pères. Et quand la pioche des démolisseurs les aura accommodées aux besoins de la circulation moderne, quand Paris, de jour en jour plus large, remplira hermétiquement l'enceinte des fortifications, quand le total des voitures parisiennes aura doublé par une logique inévitable, ne sera-t-on pas forcé d'élargir les avenues de M. Haussmann? Les gros palais à façades sculptées n'auront-ils pas le même sort que les masures de la rue Clos-Georgean? »

Je ne sais trop à quelle conclusion ce raisonnement m'aurait conduit, mais un incident fortuit m'empêcha de le suivre jusqu'au bout.

Le soleil, qui bataillait depuis le matin contre une armée de nuages, fit une trouée dans la masse; il vint illuminer un mur que je regardais vaguement sans le voir. C'était le fond d'une maison démolie: la toiture, la façade, les planchers des trois étages avaient croulé. Mais il n'était pas malaisé de rebâtir en esprit l'étroit édifice, et je m'amusai un moment à ce jeu. Tout l'immeuble occupait environ quarante mètres de surface : six sur sept au maximum. Au rez-de-chaussée, une boutique ou un cabaret, le mur entièrement dépouillé laissait la question dans le vague; on voyait seulement à gauche, au fond d'une allée absente, les premières marches d'un escalier tournant. Les deux étages supérieurs s'expliquaient mieux, on distinguait, outre le conduit noir d'une cheminée, deux éviers suspendus l'un sur l'autre, puis deux débris de cloisons superposées, puis deux vastes lambeaux de papier peint qui s'étendaient, sauf quelques déchirures, jusqu'à la cage du colimaçon. Je rétablis les deux logements en un clin d'œil, ou plutôt ils se reconstruisirent d'eux-mêmes dans ma mémoire. L'escalier aboutissait à un petit carré fort étroit; la porte ouvrait en plein sur une chambre étroite et longue, qui prenait jour sur la rue. C'était la pièce principale; elle occupait toute la profondeur de la maison et les deux tiers de la largeur. Sur la droite, à ce point où le papier s'arrête, il y avait une cuisine limitée par la cloison que voici et éclairée par un jour de souffrance : la lucarne y est encore. Donc, le jour ne venait pas de la rue; la cuisine n'occupait qu'un étroit carré dans l'angle le plus reculé de la maison; sur le devant, l'architecte avait ménagé un cabinet clair, un peu plus grand que la cuisine, infiniment moins vaste que la chambre principale.

A mesure que je rebâtissais les cloisons du second étage, que je plaçais les deux fenêtres et que je rassemblais les matériaux du plancher, il se produisait un phénomène assez étrange : le logement se remeublait petit à petit. Trois casseroles de cuivre étagées par rang de taille étincelaient le long du mur de la cuisine, avec une bassinoire d'un travail ancien et curieux. Dans la petite chambre sans feu, il y avait un lit de bois peint, deux chaises, une planche chargée de vieux livres et de romans coupés par tranches au bas des journaux. La pièce principale était presque confortable. Trois matelas et un édredon s'empilaient sur un bon lit de noyer. La table du milieu était couverte d'un vieux châle reprisé en vingt endroits, mais propre. Le poêle de faïence ronflait joyeusement; cinq ou six images gravées souriaient dans leurs vieux cadres ; une étagère à bon marché s'encombrait de petites faïences et de bimbeloteries archaïques ; au milieu de cette collection, j'admirais un buste de vieille femme, pas si gros que le poing, mais exécuté avec beaucoup de conscience et de tendresse. Et voilà que dans un coin, vers la fenêtre, je remarque un grand fauteuil en velours d'Utrecht rouge, et une grosse mère de soixante-dix ans, l'original du buste, qui tricote un petit bas de laine. La maison démolie ne s'est pas seulement remeublée, mais repeuplée ! C'est en vain que je me frotte les yeux ; je ne suis ni endormi ni halluciné, et pourtant il m'est impossible de ne pas voir ce que je vois.

Alors, je prends sur moi, je me raisonne, je me dis qu'il n'y a pas d'effets sans causes, et je cherche par quel enchaînement de circonstances ce tableau est venu se présenter à mes yeux. Il ne me semble pas entièrement nouveau ; je suis presque certain de l'avoir déjà vu : mais où ? quand ? Dans le rêve d'une nuit, ou dans ce rêve de plusieurs années qui s'appelle l'enfance ?

M'y voici ! j'ai trouvé. C'est ce papier du second étage. Il est unique au monde, probablement : des roses vertes sur fond jaune. Quelque ouvrier en papier peint l'a fabriqué ainsi pour faire pièce à son patron ; le patron l'a vendu au rabais ; la bonne femme l'a eu pour presque rien lorsqu'elle emménageait ici, vers 1802 ; c'est elle-même qui m'a conté cette histoire, car je ne me trompe pas, j'ai connu les habitants de cette maison démolie, je me suis assis à leur table, en 1840, à ma première année de collège! C'est le quartier, c'est la rue, et d'ailleurs les roses vertes sur fond jaune! Il n'y a jamais eu que celles-là!

Mille et un souvenirs ensevelis depuis un quart de siècle se réveillent à la fois; ils m'assiègent, ils m'assaillent. La première fois que je suis entré dans cette maison, les locataires du second célébraient une fête de famille. Les trois fils de Mme Alain, ses deux filles, ses gendres, les petits-enfants, toute la tribu tenait dans cette chambre, sans compter trois ou quatre invités, dont j'étais. Je vois la longue table, et la bonne femme au milieu, toute fière et radieuse. Comment les avions-nous connus? Je n'en sais rien; je me rappelle seulement que nous étions plus pauvres qu'eux et que le festin était splendide, avec l'oie aux marrons, les crêpes et la motte de beurre salé. Leur cidre me parut bien préférable au vin de champagne, que je connaissais de réputation; il venait de Quimperlé en droite ligne, c'est-à-dire de leur pays. J'avais pour voisin de droite un de leurs compatriotes, sous-officier d'infanterie, aujourd'hui capitaine ou chef de bataillon : je l'ai revu.

Mme Alain était la veuve d'un ouvrier, d'un très simple ouvrier qui travailla de ses mains tant qu'il eut assez de force : honnête homme, rangé, économe, bien vu de tous ses voisins, sauf peut-être du cabaretier d'en bas. Il était occupé à cent pas d'ici, chez un serrurier en boutique ; jamais, en quarante ans de ménage, il ne prit un repas ou un verre de vin sans sa femme. On se quittait le matin, on se revoyait à dîner, on se retrouvait tous les soirs à l'heure du souper ; et, si dans l'entre-temps Mme Alain s'ennuyait du cher homme, elle passait devant la boutique et lui disait bonjour du bout des doigts.

Le mari, si j'ai bonne mémoire, gagnait de trois à quatre francs par jour : la femme, rien ; les enfants vinrent tôt, et la besogne ne manquait pas dans le ménage. Le peu qu'on épargna fut dévoré à belles dents par la marmaille. Quand le père mourut, les cinq enfants étaient non seulement élevés, mais casés. Garçons et filles passèrent par l'école gratuite et par l'apprentissage pour arriver à un honnête établissement. Christine Alain était couturière; elle épousa un Alsacien; ils ont fait une bonne maison. Corentine piquait des gants, elle fit la conquête d'un coupeur habile; ils fondèrent une fabrique rue du Petit-Lion-Saint-Sauveur. Jules, le cadet, se faufila dans la librairie, et de commis devint patron. Le plus jeune, Léon, était marbrier; il suivit l'école de dessin, se fit admettre aux Beaux-Arts, devint par son travail un bon sculpteur de deuxième ordre, plut à la fille de son propriétaire et l'épousa. L'aîné, qu'on désignait par le nom de famille, continua le métier de son père et resta garçon pour tenir compagnie à Mme Alain. Cette petite chambre entre la rue et la cuisine était la sienne. De tous les fils Alain, c'est lui qui est resté le plus vivant dans ma mémoire. Je vois d'ici sa brave figure et sa main... quelle main! Un étau! Il était entiché de son droit d'aînesse et se faisait un point d'honneur de nourrir la mère à lui seul. La bonne femme avait une certaine déférence pour lui : n'était-il pas le chef de la famille? Elle acceptait les petits présents de ses fils et de ses gendres, mais elle ne mangeait que le pain du bon Alain.

Dans les premiers jours de son veuvage, Léon, l'heureux sculpteur, la supplia d'accepter un logement chez lui. « Je vous remercie, mon fi, lui dit-elle, mais le bon Dieu m'a commise à la garde de tous les souvenirs qui sont ici. Je ne délogerai que pour aller rejoindre votre cher père. »

S'il faut tout dire, elle avait une sorte de vénération religieuse pour cet humble logis. Elle lui savait gré de tout le bonheur qu'elle y avait eu ; elle en parlait comme un obligé de son bienfaiteur. « On ne saura jamais, disait-elle, quels services cet humble nid nous a rendus. Que les pauvres gens sont heureux lorsqu'ils trouvent un logement à bon marché au cœur d'une grande ville ! Notre loyer était de 120 francs au début ; il s'est élevé graduellement jusqu'à 250 ; mais il nous a épargné pour 100 000 francs de peines et de soucis. Que serait-il arrivé de nous, s'il avait fallu nous installer hors barrière comme tant d'autres ? Le père m'aurait quittée tous les matins pour ne rentrer que le soir ; il aurait déjeuné au cabaret, Dieu sait avec qui ! et moi à la maison, toute seule. A quelle école aurais-je envoyé les enfants? Comment aurais-je pu surveiller leur apprentissage? Ils l'ont fait à deux pas d'ici, chez des patrons du quartier, et je me flatte de ne les avoir jamais perdus de vue. Aussi garçons et filles ont bien tourné, sans exception. Que le ciel ait pitié des pauvres apprenties qui vont travailler chaque jour à une lieue de la maman! Et mes fils, pensez-vous qu'ils auraient fait un aussi beau chemin, si le chef-lieu de la famille avait été à Montrouge ou à Grenelle? Ils ne se seraient pas détachés de nous, je le crois, car ils sont les meilleurs garçons du monde; mais alors ils n'auraient pas vécu au sein des belles choses parisiennes; ils n'auraient pas vu les musées, les spectacles, les beaux magasins, les toilettes élégantes, tout ce qui forme le goût, éveille l'imagination, en un mot, ce qui change quelquefois l'ouvrier en artiste. Voyez notre Léon! de simple marbrier, il est devenu statuaire. A qui doit-il cette fortune? Ni au père ni à moi, mais à la Providence qui nous permit de fonder notre famille dans ce milieu vivant et intelligent de Paris! J'en ai connu beaucoup, des artistes, et des inventeurs, et des artisans du premier mérite, de ceux qui font la gloire et la richesse de l'industrie parisienne : c'étaient tous pauvres gens qui avaient eu le bonheur de se nicher à la source du vrai talent, comme nous. »

Assurément la bonne femme exagérait un peu les mérites de son logis. Elle oubliait, dans son enthousiasme, les dangers qu'elle avait courus, en élevant dans un espace si étroit cinq enfants, dont deux filles. Lorsqu'on touchait ce point délicat, elle répondait avec un loyal éclat de rire : « Bah! le problème n'est pas plus difficile que celui du loup, de la chèvre et du chou! »

Mme Alain n'avait pas seulement sa bonne part d'esprit naturel : elle s'exprimait encore en termes choisis ; personne n'eût deviné en l'écoutant qu'elle ne savait ni lire ni écrire. Son mari, paraît-il, la surpassait en ignorance, car il parlait à peine le français. Ainsi, deux Bretons illettrés ont donné à leurs cinq enfants une instruction très suffisante; deux prolétaires, sans autre capital que leurs bras, ont fait souche de bourgeois et même d'artistes. Et ce phénomène, j'allais dire ce miracle de progrès social, s'est accompli dans cette masure parisienne. Et les bénéficiaires de cet heureux changement se plaisent à déclarer que la masure y est pour quelque chose ; ils bénissent le taudis à 250 francs par an qui leur a permis de s'élever, de se développer, de s'enrichir au centre de Paris.

Quand je repense à ces braves gens devant les ruines de leur vieux nid, je me demande si les rues insalubres, si les taudis étroits, si les allées obscures et les escaliers en colimaçon n'ont pas leur destinée et leur utilité dans le monde. Cette fange des pauvres quartiers, que l'on balaye dédaigneusement hors barrière, n'était-elle pas autrefois un engrais de civilisation ? Les plus beaux fruits de l'industrie parisienne ne sont-ils pas sortis de ce fumier ? Peut-être.

Je comprends le noble mépris d'une administration toute-puissante : il est clair que les logis à 250 francs font tache au milieu d'une ville aussi majestueuse que Paris. Mais nous avons des travailleurs qui gagnent peu, et je me demande sous quel toit ils abriteront leurs têtes quand le Paris des rêves municipaux sera fini. On les chasse du centre à la circonférence; mais la circonférence a sa coquetterie; elle aussi se couvre de palais. Il faudra donc que l'ouvrier s'établisse en rase campagne, loin, très loin de son travail, et qu'il fasse un voyage tous les soirs pour revenir à la maison. Y reviendra-t-il tous les soirs? Sera-t-il puissamment attiré vers cette demeure lointaine, presque inconnue, où l'on n'entre que pour fermer les yeux, d'où l'on sort les yeux à peine ouverts? Certes, il y viendra, s'il y est attendu par sa famille. Reste à savoir si les ouvriers de l'avenir se marieront comme ceux d'autrefois. Est-ce la peine? On a si peu de temps pour jouir les uns des autres! Et puis, les distractions ne manquent pas au cœur de Paris. Sur les ruines de ces humbles maisons, il s'élève des paradis artificiels, à l'usage du travailleur en blouse. Cent billards, dix mille becs de gaz, des dorures, des glaces, des chansonnettes, que sais-je? Et plus le logement, cette arche sainte de la famille, devient inabordable au pauvre monde, plus les plaisirs malsains se vendent bon marché.

Pauvre maison de Mme Alain! Humble échelle de Jacob où tant de prolétaires ont monté pour s'élever à la bourgeoisie, je veux te regarder une dernière fois et graver tes ruines respectables dans un petit coin de ma mémoire!

Patatra!

« Allez-vous-en! Vous voulez donc vous faire écraser, imbécile! »

L'imbécile, c'était moi; le plâtre et les moellons avaient roulé jusqu'à mes pieds, et le vieux mur taché de roses vertes n'existait plus.

LES ŒUFS DE PAQUES

(Avril 1873.)

LES ŒUFS DE PAQUES

(Avril 1873.)

Notre dernier jour de fête, en Alsace, a été le dimanche de Pâques de l'année 1871. Triste fête pour ceux qui avaient l'âge de comprendre et de souffrir! Nous étions envahis et occupés militairement depuis sept ou huit mois; l'Assemblée nationale venait de nous sacrifier au salut de la France. On savait qu'à l'automne de 1872, il faudrait quitter le pays, dure nécessité! ou devenir sujets prussiens, c'est-à-dire accepter la dernière des hontes. Les nouvelles de la patrie étaient navrantes : Paris, ivre ou fou, se défendait à coups de canon contre l'armée de France. Chaque matin, les Allemands nous annonçaient une victoire de l'insurrection. Avec cela, nous étions pauvres, plus pauvres que je ne l'avais jamais été, quoique j'aie connu dans ma jeunesse la vraie misère. Les réquisitions et les garnisaires avaient épuisé nos ressources; l'argent qu'on nous devait en France ne rentrait pas; personne ne payait plus; la question du pain quotidien devenait menaçante. Par bonheur les enfants ne se doutaient de rien; ils jouaient du matin au soir et dormaient du soir au matin, avec cette insouciance qui est la sagesse de leur âge. Leur unique tracas, le sujet de tous leurs entretiens, était la matinée de Pâques; ils ne s'inquiétaient que de savoir si le lièvre pondrait beaucoup d'œufs rouges dans l'enclos.

C'est le lièvre, un lièvre invisible et providentiel qui pond les œufs de Pâques pour la joyeuse marmaille d'Alsace. Ce dogme est si profondément ancré dans les esprits de trois à dix ans que pas un sceptique de cet âge ne demande à papa ou à maman pourquoi les œufs sont rouges ou bruns, pourquoi ils sont tout cuits, pourquoi le lièvre pond des œufs de sucre, de chocolat ou de cristal pour les familles riches, et pourquoi même, en certains cas, le prodigue animal dépose des œufs de porcelaine de Sèvres dans des coquetiers de vermeil.

Nos chers enfants avaient peut-être entendu conter ces miracles ; mais n'étant gâtés ni par nous ni par la fortune, ils étaient tous d'humeur à se contenter de moins. Chacun fit de son mieux pour combler leurs modestes désirs. Les poules de Cochinchine et de Crèvecœur pondirent des œufs de belle taille; la cuisinière, en grand secret, les teignit de couleurs éclatantes ; un des meilleurs élèves de Gérome, notre ami Heller, qui devait bientôt émigrer à New-York, en décora quelques-uns d'illustrations patriotiques; il métamorphosa notamment en soldat prussien un bel œuf plus pointu que les autres, et sur la visière du casque il écrivit : *Schweinpels! Schweinpels* (fourrure de cochon) est le sobriquet pittoresque dont les bambins d'Alsace poursuivent le vainqueur.

Le dimanche, de grand matin, lorsque les cloches, revenues de Rome, sonnaient à toute volée sans déranger nos chers petits, le jeune artiste, ma femme, et les deux gouvernantes, dont l'une a émigré l'année suivante au Mexique, préparèrent les nids dans notre vieil enclos inculte et presque abandonné. On les éparpilla sur le revers de la colline abrupte, depuis la glacière sans glace, jusqu'à la pièce d'eau sans eau. Ils en mirent dans les touffes d'herbe, dans les iris, dans les bellis, au pied des petits épicéas que nous avons plantés en 1869 et que nous ne verrons pas grandir. Aux branches basses de certains arbres ou suspendit en manière d'ornement une ou deux douzaines de breschtelles; ce sont des gâteaux secs faits de farine, de sel et de cumin; ils se vendent quelques centimes.

Ces grands préparatifs étaient à peine achevés quand les enfants, éveillés avant l'heure par l'attente d'un plaisir, accoururent demi-vêtus, les pieds dans la rosée, la tête nue sous le soleil. Ah! la joyeuse matinée! les bons cris de surprise! les beaux éclats de voix et les brillantes querelles ! Figurez-vous quatre bébés du même âge, ou peu s'en faut, puisqu'ils sont nés en moins de trois ans, montant à l'escalade sur une pente rapide, ardents à se devancer, mais toujours prêts à se soutenir, à se pousser et à se ramasser les uns les autres; chacun voulant tout prendre et finissant par tout partager!

La découverte du *Schweinpels* fut un événement politique. Personne ne voulait du prussien, on tint conseil de guerre autour de l'œuf maudit, et l'on finit par le lancer contre un petit mur de pierres sèches où il s'éparpilla en miettes. Mais voici bien une autre affaire. Un lièvre, un vrai lièvre vivant, était gîté à quelques pas; il bondit effaré, les oreilles droites, grand, fantastique et superbe, s'élança comme un trait et franchit la haie qui sépare notre enclos de la forêt communale. Un concert de cris aigus salua cette apparition d'autant plus miraculeuse que nul de nous ne l'avait préparée. Le hasard seul, un hasard bienveillant et malin, s'était donné la peine de prouver à notre petit monde que le lièvre pond des œufs durs et qu'il n'ose plus affronter le regard des braves gens quand il a pondu un œuf prussien par mégarde.

Cette heureuse matinée se termina par un repas frugal, où tous les œufs, sauf le maudit, furent mangés en salade.

L'année suivante, à la fin du carême, nous

étions redevenus Parisiens, bien malgré nous. Les enfants se demandèrent avec une certaine anxiété dans quel enclos le bon lièvre de Pâques irait pondre les œufs qu'il leur devait. Je répondis à tout hasard que le Jardin d'acclimatation, où nous allions souvent nous promener, était un terrain convenable.

« Mais, papa, il n'y a pas de lièvres au Jardin d'acclimatation?

— Il y a des kanguroos, et ces braves animaux, dans la poche énorme que vous savez, gardent de plus gros œufs que le lièvre de Saverne.

— Oui, mais il ne nous connaît pas, le kanguroo!

— Ecrivez-lui de votre plus belle écriture. »

L'administration des postes, en cherchant bien, retrouverait dans ses rebuts une lettre soignée à l'adresse de M. le kanguroo. Elle se termine par ces mots : « Nous l'embrassons cordialement. » Suivent quatre signatures, dont une, la dernière, est illisible.

Persuadé que le Jardin d'acclimatation, ce paradis des enfants bien élevés, serait envahi de grand matin, le dimanche de Pâques, j'avançai la fête d'un jour. Une servante nous précédait avec un grand panier rempli de pain pour les bêtes. Ce pain cachait les œufs, de magnifiques œufs de carton. Elle les déposa dans l'herbe, au pied de quelques arbres verts, dans un bosquet voisin des écuries, et les enfants les y trouvèrent avec un plaisir assez vif. Mais ni les beaux cartonnages bleus et rouges, ni les poupées et les joujoux que j'y avais enfermés, n'effacèrent l'impression des pauvres œufs pondus par le lièvre de Saverne. On reconnut les étiquettes de Giroux et tout en bourrant de pain les marsupiaux d'Australie, Valentine me dit : « Comment cet animal sortirait-il d'ici pour courir les boutiques et où prendrait-il de l'argent? Avoue, papa, que cette année, tu as été un peu le Kanguroo? »

J'ai voulu faire mieux, et je n'ai pas réussi davantage. On a organisé hier une fête où les petits amis étaient conviés, garçons et filles. Deux figurants d'un grand théâtre, travestis l'un en coq, l'autre en poule, accueillaient les enfants dans l'antichambre et leur ôtaient les manteaux.

Sur la table de la salle à manger, brillamment illuminée en plein midi, une énorme dinde de carton, machinée par un habile homme, battait des ailes, tournait la tête, et pondait à profusion des œufs blancs, jaunes, rouges, dorés, tous en sucre.

Si je disais que ce jeu n'amusa pas mes enfants, comme leurs petits amis des deux sexes, je mentirais. Mais quand ils furent seuls, le soir, dans le coin d'appartement qu'ils habitent, ils ne parlèrent que du lièvre de Saverne et des œufs rouges de l'enclos.

« Quand retournerons-nous là-bas? disait le petit Pierre; nous y sommes nés, c'est chez nous.

— Oui, répondit Valentine. Mais il faudra d'abord que tu te fasses casser la tête par les Prussiens.

— Je le sais bien ; c'est convenu ; mais je tâcherai d'abord de leur casser la tête moi-même. »

Ainsi soit-il ! Pauvres petits !

LE
JARDIN DE MON GRAND-PÈRE

LE
JARDIN DE MON GRAND-PÈRE

(Lecture faite le 4 avril 1873
à la séance publique annuelle de la Société d'Acclimatation.)

Mesdames, Messieurs,

Nouveau venu dans cette grande et patriotique Société, je n'ai pas accepté sans scrupule la tâche que m'imposait votre vaillant secrétaire général, M. Geoffroy Saint-Hilaire. J'ai dû me demander s'il était bienséant de décrire au milieu d'une élite française, sous la présidence d'un des plus illustres et des meilleurs Français de notre temps, un jardin qui figure au cadastre de l'Allemagne occidentale.

Hélas! oui, l'humble coin de terre dont je viens

vous entretenir est devenu allemand malgré lui, je veux dire malgré les braves gens qui l'ont bêché de père en fils à la sueur de leur front. Les Allemands ont annexé le jardin de mon grand-père, en vertu du principe des nationalités, parce que la commune s'appelle Vergaville, un nom allemand, comme Trouville ou Romainville, et que toute la population de ce village écorche le français comme moi. Ces raisons nous ayant paru mauvaises, ils nous ont démontré, le sabre en main, que nous étions de leur famille.

Mon cher grand-père, en son jeune temps, leur avait prouvé le contraire. Il avait pris pour argument ce fusil du soldat qui, s'il n'a pas toujours décidé la victoire, a bravement travaillé partout. Né sous le règne de Louis XV, il était parti en sabots avec les volontaires de 1792 ; il avait rapporté l'épaulette de sous-lieutenant, qui brillait d'un certain éclat, quoiqu'elle fût de simple laine. Après avoir payé sa dette à la patrie, il épousa une brave fille de son village, éleva sept enfants et cultiva son jardin, selon le précepte de Voltaire, qu'il n'avait pourtant jamais lu.

Il était expérimenté ; on le citait à trois quarts de lieue à la ronde, non seulement comme droit laboureur et vigneron expert, mais encore et surtout comme élève d'un ci-devant jardinier de couvent, ferré sur les meilleures méthodes.

Les meilleures méthodes laissaient beaucoup à désirer, si j'en crois ma mémoire, qui est bonne, et qui garde après quarante ans les impressions de l'enfance.

Ce jardin, le premier dont j'aie mangé les fruits mûrs ou verts, toujours verts quand je me les offrais discrètement à moi-même, était un vrai fouillis de plantes demi-sauvages qui se disputaient le terrain, l'air et la lumière, et vivaient mal aux dépens les unes des autres. L'agréable et l'utile y étaient opposés plutôt que réunis. Les fleurs n'y manquaient pas ; on y trouvait en toute saison, comme chez l'amateur des jardins dont parle La Fontaine,

> De quoi faire à Margot pour sa fête un bouquet ;

au printemps, force giroflées et des violettes dans tous les coins, quelques narcisses, une ou deux touffes de jacinthes bleues et une profusion de grandes tulipes rouges qui ressemblaient à des œufs de Pâques montés sur tige. En été, quelques lis, des balsamines, des pieds d'alouette, des œillets par-ci, par-là, et trois ou quatre espèces de roses à peu près doubles, dont pas une n'était remontante. En automne, des dahlias simples et des asters à discrétion.

Les légumes, qui croissaient pêle-mêle avec les fleurs, n'étaient ni très choisis ni très perfectionnés : c'était le chou commun, la carotte ordinaire, le haricot primitif, le pois des anciens jours, le vénérable oignon d'Égypte. Les fruits étaient plus variés et meilleurs, sinon plus délicats ; il me semble, tout bien pesé, que mon grand-père avait la spécialité des bons fruits, mais je n'en ferai pas une question personnelle.

Si les groseilles, les fraises et les framboises de son jardin ne méritaient aucune mention particulière, les prunes de reine-claude étaient exquises, les mirabelles irréprochables, sans parler de certains petits pruneaux de Damas dont le souvenir, après tant d'années, m'agace encore les dents. Nous avions des pommes précoces à croquer en juillet et des pommes tardives à garder pour le carême ; d'excellentes poires d'automne et d'autres presque aussi grosses et bien plus dures qu'un pavé : ma grand-mère, dans une sorte de haut-fourneau, les faisait cuire. Je me rappelle aussi les deux noisetiers qui ombrageaient le banc du fond ; ils portaient de beaux fruits allongés comme la dernière phalange de nos petits doigts, et dont l'amande était vêtue d'une pellicule écarlate.

Enfin nous possédions trois merveilles uniques dans le village, qui ont été l'orgueil de mon enfance et qui sont encore aujourd'hui un problème pour mon âge mûr. Dans ce très modeste jardin, un précurseur inconnu d'Isidore-Geoffroy Saint-Hilaire avait, je ne sais quand, ni comment, ni pourquoi, entrepris un essai d'acclimatation. Un magnifique mûrier noir, vieux de cent ans et plus, s'appuyait au mur de clôture et laissait choir la moitié de ses fruits sur le chemin.

Près des ruches, un gros figuier, qu'on entourait de paille tous les hivers, se chargeait, en été, de grosses figues violettes, et, dans un carré de légumes, quelques pieds de réglisse, arrachés soigneusement à la fin de chaque automne, repoussaient par miracle au printemps. Les figues fraîches et les mûres étaient et sont peut-être encore une curiosité dans notre vieux coin de Lorraine. Quant aux racines de réglisse, elles faisaient l'étonnement de mes camarades en leur prouvant que ce prétendu bois ne pousse pas en caisse dans la boutique de l'épicier.

Vous ne vous moquerez pas de moi, j'en suis certain, si j'avoue que le jardin de mon grand-père a été longtemps à mes yeux le premier, le meilleur et le plus beau du monde. Il a fallu plusieurs années, sinon de voyages et d'études, au moins de promenades et de comparaisons, pour dissiper une illusion si naturelle et si douce. A force de vivre et de voir, j'ai appris que de grandes allées rectilignes, bordées de buis tondu, ne sont pas l'idéal du beau classique, et qu'une confusion de fleurs, de choux et de salades sous l'ombre des arbres fruitiers n'est pas le dernier mot du pittoresque.

J'ai rencontré des fleurs plus belles que nos pauvres tulipes rouges, goûté des légumes plus tendres que ceux de mon grand-père et des fruits plus savoureux. Un peu de réflexion m'a fait comprendre que les plantes les plus chères à mon enfance étaient à la fois primitives et dégénérées ; qu'on n'améliore pas une espèce en recueillant les graines en automne pour les semer, l'année suivante, dans le même terrain ; qu'on a tort de traiter l'arbre à fruit comme un vieux serviteur et d'attendre, pour le remplacer, qu'il soit mort de vieillesse ; qu'il ne faut pas greffer les jeunes plants en coupant, au hasard, une branche de l'arbre voisin, bon, mauvais ou médiocre.

L'expérience d'autrui et la mienne m'ont prouvé que les bonnes greffes et les bonnes semences ne coûtent pas sensiblement plus cher que les mauvaises ; mon grand-père ne l'a jamais su ou n'y a jamais pensé, car le paysan français, qui prodigue sa sueur à la terre, lui marchande le sacrifice d'un peu de réflexion, de déplacement et d'argent.

Je me rappelle notre vigne et la boisson qu'on en tirait. C'était un vin farouche ; les gourmets du village disaient : le scélérat se laisse boire, mais il n'y aide ma foi, pas ! C'est que le plant n'était pas bon. Cependant chaque fois qu'un cep venait à manquer, on n'allait pas chercher un sujet chez le pépiniériste : on couchait une branche en terre.

Les animaux de la maison, comme les ceps de la vigne et les arbres du jardin, étaient les vrais enfants de la routine et du hasard. C'était une vache efflanquée, mal bâtie et littéralement blindée d'un enduit naturel que je croyais inséparable de sa personne; un cochon maigre qu'on tuait à Noël après avoir fait l'impossible pour l'engraisser, et qui ressuscitait au printemps, plus maigre et plus glouton que jamais : le son, le petit-lait et les pommes de terre ne profitaient qu'au développement de sa charpente osseuse.

Deux douzaines de poules vagabondes, pillardes, et mauvaises pondeuses, parce qu'elles avaient passé l'âge de pondre, grattaient le fumier de la cour en lorgnant l'entrée de la grange et volaient plus de grain qu'on ne leur en donnait. Enfin nous avions un carlin, qui n'avait du carlin que la couleur jaunâtre et l'affreux caractère; il était haut sur pattes avec un museau pointu. Mais ni dans la maison, ni dans la commune, ni dans les environs, nul ne se souciait d'aller chercher des bêtes de race ; on était mal loti, mais le voisin l'était aussi mal et la comparaison n'humiliait personne. Et cette sorte d'incurie, fondée sur l'ignorance du mieux, régnait dans tous les villages de France ! Et nous étions le premier peuple du monde, selon nous !

Ces souvenirs ne datent pas d'hier. Je parle de longtemps, comme dit la chanson; il s'est fait une révolution, une heureuse et pacifique révolution dans ces quarante années. Le moins champêtre des animaux, la locomotive, en rapprochant les villes des villages, a mélangé, fondu une population trop longtemps et trop bien classée. Les citadins, altérés d'air pur, se sont jetés dans la vie rustique, tandis que le cultivateur, friand de respirer un air plus capiteux, courait aux grandes villes. Les deux éléments nécessaires de toute civilisation se sont ainsi complétés l'un par l'autre, en s'aiguisant l'un contre l'autre.

L'initiative d'un tel progrès, disons-le hautement pour être juste, appartient à la bourgeoisie, à cette catégorie d'ouvriers ou de villageois arrivés qui constitue le fond honnête, laborieux et studieux des sociétés modernes. Cette classe intermédiaire, raillée par l'orgueil d'en haut et dénigrée par la jalousie d'en bas, n'a pas seulement réconcilié notre siècle avec la nature : elle a entrepris la nature elle-même et l'a poussée résolument dans la grande voie du progrès.

Le mouvement a commencé dans la banlieue des grandes villes ; c'est là que des négociants de premier ordre et des manufacturiers de distinction ont honoré leur loisir et justifié leur opulence en cultivant les belles fleurs, les fruits parfaits, les animaux choisis. La bourgeoisie a prêché d'exemple, elle a fait les expériences, les dépenses, la propagande ; elle a pris soin de diriger et d'éclairer les braves gens qui la nourrissent ; elle a bien mérité, et j'espère, en considération d'un tel bienfait, qu'elle ne sera pas encore anéantie demain matin.

Le branle était donné par quelques amateurs, simples *dilettanti* de la nature, quand les savants, race plus réfléchie et naturellement plus tardive, se mirent de la partie. En fondant la Société d'acclimatation, Isidore-Geoffroy Saint-

Hilaire suivait l'esprit de son temps, mais il le dominait de haut, comme Pierre-le-Grand lorsqu'il fonda une Académie des sciences dans un pays où très peu d'hommes savaient lire.

Oui, sans doute, le but que vous poursuivez sur les traces de ce grand homme de bien est l'introduction méthodique de toutes les espèces animales et végétales qui peuvent vivre en France et que la nature a oublié d'y faire naître. Mais, comme un touriste qui s'élance à l'escalade du mont Blanc ne dédaigne pas de cueillir une fleur de rhododendron sur la route, vous ne vous écartez pas de votre but si vous acclimatez, chemin faisant, dans les villages isolés, arriérés, déshérités de tout, les cultures qui prospèrent autour des grandes villes. Les aventures coûteuses de la grande importation ne doivent pas faire tort à la petite importation, modeste et sûre, qui s'opère de canton à canton, de commune à commune.

Cette entreprise de moyenne grandeur, mais d'intérêt actuel et de profit immédiat, n'a pas été négligée, Dieu merci. Votre Société, messieurs, sans perdre de vue sa grande œuvre, sans négliger ni les semis d'eucalyptus, ni les couvées d'autruches, ni la reproduction des yacks, des antilopes et des kanguroos, poursuit modestement une besogne de tous les jours qui consiste à mettre en lumière, à prôner et à répandre partout les meilleures semences et les types les plus irréprochables.

Elle ne croit pas déroger en peuplant d'aninimaux choisis nos étables et nos basses-cours, en multipliant les plus purs échantillons de la race canine, en distribuant la graine des belles fleurs, anciennes ou nouvelles, en exposant toute l'année, à quelques enjambées de Paris, un incomparable modèle de jardin.

Je ne sais pas si vous vous rendez justice à vous-mêmes et si vous estimez à leur prix les excellentes choses que vous avez déjà faites. En croirez-vous un homme qui n'était pas des vôtres le mois dernier, qui vous a jugés du dehors et s'honore d'avoir subi une attraction heureuse?

Me croirez-vous si je vous dis qu'en peu d'années votre Société a ramené des milliers de citadins au goût de la nature et inculqué à des milliers de villageois le sentiment du mieux, l'esprit de sélection? Vous introduisez la campagne dans les habitations de la ville et vous urbanisez l'entourage, les habitudes, le labeur même du campagnard.

Sans mener grand bruit et sans faire plus de mouvement qu'il ne sied aux ouvriers d'une œuvre sérieuse, vous avez étendu votre influence très loin, jusqu'au pays de mon grand-père. Je ne dis pas jusqu'à son jardin, car il n'est plus à nous : on l'a coupé en morceaux et il n'en reste rien, pour ainsi dire. Mais à cent mètres de là, vers l'entrée du village, j'aurais pu vous conduire, en 1870, chez un disciple de la Société d'acclimatation.

C'est le plus jeune fils du grand-père, un de mes oncles, qui, après une vie laborieuse et ballottée, avait voulu mourir au gîte, dans son village natal. De la maison, je ne dis rien, sinon qu'elle était gaie, commode, assortie aux besoins d'une vie simple et aisée. Un petit bout de serre, modeste transition, reliait le salon à un parterre étroit, mais bien dessiné, où les plus belles fleurs de l'horticulture moderne s'épanouissaient en corbeilles sur un *ray grass* uni comme un velours.

Mon grand-père n'en eût pas reconnu une seule; il aurait dit comme le patriarche Vilmorin parlant à notre digne et honoré président, M. Drouin de Lhuys, dans son magnifique jardin de Verrières : « Ces fleurs-là ne sont pas celles de ma jeunesse; je me sens tout dépaysé au milieu d'elles et il me semble que mes enfants ont été changés en nourrice. »

Un potager correct venait ensuite, avec de bonnes bâches pour la culture des primeurs, de beaux carrés couverts de menue paille et plantés de légumes fins, choux-fleurs, artichauts, petits pois échelonnés de quinzaine en quinzaine, sans compter un double rang de framboisiers qui portaient fruit jusqu'à l'automne, et des fraises dont l'une aurait fait le dessert d'un gourmand.

Dans un troisième enclos coupé de petits murs parallèles, les abricotiers, les pêchers, les brugnons, les cerisiers, les poiriers, les pommiers, les vignes, tous plants choisis chez les meilleurs pépiniéristes de Nancy, de Metz et de Bolwiller, étaient taillés en cordons, en palmettes, en fuseaux, en gobelets, en pyramides.

Pas un arbre qui ne fût jeune ou rajeuni; pas

un espalier qui ne fût abrité par un auvent ; toute récolte à peu près mûre était couverte d'un filet.

Dans l'étable, une vache suisse, luisante de santé et de propreté, donnait vingt-cinq litres de lait tous les jours. La basse-cour était peuplée de gros canards normands, d'oies de Toulouse, de lapins béliers et de ces braves poules de la Wantzenau qui sont l'orgueil de l'Alsace.

Un petit réduit propret, aéré, et nullement parfumé (c'est un éloge), servait de boudoir à deux amours de petits cochons anglais, frais comme des roses et ronds comme des pommes.

Bêtes et gens, et les arbres eux-mêmes vivaient en joie dans cet heureux petit coin, et l'auteur de tant de merveilles, votre élève inconnu, messieurs, commençait, lui aussi, à tenir école de progrès lorsqu'il fallut opter entre la maison qui lui était chère et la patrie qui lui était sacrée.

Personne ne l'a chassé, il ne tenait qu'à lui de rester le plus heureux des propriétaires ; il préféra rester le plus malheureux des Français.

Du reste, il n'a voulu ni vendre ni louer son petit bien : il a fermé la porte en présence de la famille assemblée, et il a dit à ses enfants : « Baisez le seuil de la maison qui vous a vus naître, mais ne lui dites pas adieu, car Dieu sait que vous y reviendrez un jour ! »

AU PETIT TRIANON

(Juin 1883.)

AU PETIT TRIANON

(Juin 1883.)

On m'avait introduit sans crier gare dans le cabinet de mon ami Z... X..., le journaliste qui fut romancier dans le temps. Je le trouvai en méditation devant un carré de papier bordé de noir, le regard fixe et comme fasciné par cette lettre de deuil.

« Auriez-vous donc perdu, lui demandai-je, quelque personne de votre famille ou de votre intimité?

— Non ; une simple connaissance, et que j'avais bien négligée depuis 1871. Mais il faut croire que le brave homme et les siens ne m'avaient pas tout à fait oublié, puisqu'on me fait part de la perte douloureuse qu'on vient d'éprouver dans la personne de « Monsieur Alexandre-Henri-Marguerite Charpentier, jardinier en chef au palais national de Trianon, chevalier de la Légion d'honneur, médaillé de Sainte-Hélène, membre de la Société d'horticulture de Seine-et-Oise, décédé à Trianon, le 9 juin 1883, à quatre-vingt-sept ans ». La mort d'un homme de cet âge est dans l'ordre des choses naturelles, et d'ordinaire on en reçoit la nouvelle sans grande émotion; mais le nom du vieux père Charpentier m'a reporté subitement à douze années en arrière. Il a comme évoqué devant mes yeux plusieurs figures illustres ou sympathiques qui n'appartiennent plus à ce monde. Je n'écris plus de romans, mais j'en raconte quelquefois. Mettez-vous là, prenez des cigarettes, et écoutez l'histoire de trois femmes de cœur, d'un grand homme et d'un jardinier.

J'ai passé à Versailles ces deux horribles mois de la Commune, et j'y ai été aussi malheureux pour le moins que j'aurais pu l'être à Paris. Séparé de ma femme et de mes enfants, logé dans un affreux taudis, nourri de privations, désœuvré, découragé, las de moi-même, je passais quelquefois une bonne soirée dans les salons de la préfecture, auprès de M. Thiers que j'admirais sincèrement et qui m'honorait de quelque amitié ; mais la longueur des jours était mortelle. Je savais la ville par cœur. Son pavé mettait mes pieds au supplice et abrégeait l'existence de mes chaussures. Comme j'avais de sérieuses raisons pour préférer les plaisirs gratuits à tous les autres, j'arpentais du matin au soir le parc et les forêts voisines ; le total des kilomètres que j'ai parcourus dans ces deux mois représente approximativement un voyage au long cours.

Le petit Trianon était ma promenade favorite, quoiqu'on y rencontrât encore un peu partout, sur les aimables constructions de Marie-Antoinette, les noms tudesques et les souillures de l'occupation prussienne. Le rude hiver de 1870, qui tua les lierres eux-mêmes dans toute la banlieue de Paris, avait épargné de beaux arbres dépaysés dans notre climat, par exemple des chênes verts et un liège centenaire, au moins en apparence. Mais comme il est à peu près impossible de déterminer l'âge d'un arbre, sans le scier par le milieu, mon imagination d'oisif mâchait à vide, s'épuisait à poser des problèmes insolubles et à interroger des témoins muets. J'aurais voulu refaire pour moi seul l'histoire de ces ombrages magnifiques que le printemps épaississait déjà sur ma tête, dresser l'état civil des doyens de ce parc, savoir s'il ne restait pas parmi eux quelques contemporains de Louis XVI.

C'est ainsi que je fus amené tout naturellement à lier connaissance avec l'homme pour qui le petit Trianon ne devait pas avoir de secret.

Je demandai une lettre d'introduction à M. Hippolyte Vavin, liquidateur de la liste civile, et, sûr d'un bon accueil, je vins frapper à la porte du jardinier en chef, M. Charpentier.

Cette porte était grande ouverte, comme pour un déménagement, et des caisses de diverses grandeurs s'entassaient dans le vestibule.

La maisonnette, basse et modeste, était riante et bien placée, en façade sur le jardin fleuriste, à l'opposé d'une orangerie que festonnaient les grappes embaumées de la glycine. Le maître du logis, un petit homme sec et nerveux, vif et solide, me reçut poliment, m'introduisit dans une chambre démeublée, me fit asseoir sur une malle, ouvrit ma lettre et la lut avec une profonde stupéfaction : « Eh quoi! monsieur, s'écriat-il, M. Vavin me fait l'honneur de vous adresser à moi! Mais il ne sait donc pas qu'il a signé ma mise à la retraite et que nous partons aujourd'hui? » Sa femme entrait au même instant ; il la prit à témoin, et l'envoya chercher la notification officielle, rédigée en bons termes et fort élogieuse pour lui. Les deux vieillards me racontèrent que, sur les quatre jardiniers en chef, la République en supprimait deux par économie. On renvoyait les deux plus vieux, celui de Trianon, coupable d'avoir soixante-quinze ans, et son voisin, M. Briot, l'homme des pépinières.

Comme la vieille dame pleurait, M. Charpentier prit la peine de me rassurer sur leur sort : « Nous sommes plus malheureux que pauvres, me dit-il ; la pension est honorable, et nous avons quelques économies. Nous nous retirerons à Chevreuse, chez une de nos filles qui y occupe un petit emploi. D'ailleurs ma femme et moi nous n'aurons bientôt plus besoin de rien, car on ne se transplante pas impunément à notre âge. Je prendrais la retraite en patience, quoique j'aie encore bon pied, bon œil, si l'on me permettait d'habiter un petit coin dans quelqu'un de ces bâtiments qui ne servent à personne! Songez, monsieur, que je suis né à Trianon d'un père qui y était né; mon aïeul travaillait ici sous Louis XV. Et nous partons! C'est peut-être juste, mais c'est tout de même un peu dur. »

Cela dit, il tira son mouchoir à carreaux et se moucha fortement, ce qui est une façon de pleurer comme une autre. Moi, vous savez, je suis un peu bébête et j'avais les larmes aux yeux. « Mon cher monsieur, lui dis-je, je ne me pardonnerai jamais une visite qui ressemble à une cruelle plaisanterie, si vous ne me promettez pas de suspendre pour vingt-quatre heures tous ces préparatifs de départ. Je veux que vous me donniez le temps de revoir M. Vavin, de l'éclairer sur la situation qu'il vous a faite sans le savoir, et de solliciter la faveur très modeste à laquelle vous bornez votre ambition. » Il promit tout ce que je voulus, mais je vis clairement sur son visage que cet homme des champs n'avait qu'une demi-confiance en moi. Raison de plus pour le tirer d'affaire. J'avais un but, un intérêt : j'échappais au désœuvrement pour un jour. Evidemment M. Vavin avait été trompé par quelque employé subalterne; il réparerait son erreur et s'associerait avec moi pour faire acte de justice et d'humanité. Dans cette douce illusion, je pris mes jambes à mon cou et j'arrivai en un rien de temps aux bureaux de la liste civile.

Hélas! ce n'était pas un employé subalterne, mais un gros bonnet du ministère des travaux publics, M. le directeur des bâtiments civils, qui avait décrété par voie d'économie l'élimination de deux jardiniers sur quatre. Je connaissais un peu ce haut personnage, fort honnête homme et animé du plus beau zèle pour les intérêts de l'Etat, mais à peu près aussi souple et aussi moelleux qu'un barreau de fer. Je lui fis ma visite et je lui exposai ma requête. Nous ne demandions rien que de cacher notre vie dans un coin inutile du grand ou du petit Trianon et de mourir où nous avions vécu. C'était d'autant plus naturel et plus facile que nous avions un fils, bon sujet et habile jardinier, qui était déjà dans la place et qui représentait au service de

l'État la quatrième génération des Charpentier.
M. le directeur n'entendit pas de cette oreille.
Il fit l'éloge de mon client, mais il insista sur la
nécessité de réduire les dépenses publiques.
Deux jardiniers en chef suffisaient, s'ils travail-
laient bien, à tous les besoins du service. L'économie était résolue, le mouvement décidé et
signé. Du reste le premier devoir des vieux fonctionnaires était de faire place aux jeunes. Le
successeur du père Charpentier devait occuper
sa maison, et cela le plus tôt possible. Qu'at-
tendions-nous pour déménager? Il n'y avait pas
trop de logements à Versailles et aux environs
pour les hommes en activité.

Il me semblait à moi que dans les nids à rats
des deux Trianon j'aurais installé cent ménages
comme celui du pauvre père Charpentier, et que
c'était un crime d'envoyer mourir un vieillard
loin du petit domaine où il régnait par droit de
travail et par droit de naissance, non seulement
de père en fils, mais de grand-père en petit-fils.
Le haut fonctionnaire, M. de C..., me répondit assez sèchement que le sentiment devait
se taire devant la raison d'intérêt public. Mais

je ne me tins pas pour battu, et je dis à M. de C...
que s'il me refusait le moins je demanderais le
plus, c'est-à-dire que je ferais déchirer l'arrêté
qui mettait mon client à la retraite. Quelle que
soit l'autorité d'un directeur des bâtiments civils,
il y a le ministre au-dessus de lui.

— En effet, mais le ministre ne voit et ne verra
jamais que par mes yeux. Libre à vous, cher
monsieur, d'en appeler à M. de Larcy, mais je
vous avertis loyalement qu'il me transmettra
votre requête, et vous savez déjà ce que j'en
pense.

— Soit! Mais au-dessus du ministre nous
avons le président de la République, et vous
savez que M. Thiers est assez bon pour m'écouter
quelquefois.

— M. Thiers ne pourra que transmettre vos
doléances à M. de Larcy, qui me les renverra
sur nouveaux frais, et d'ici là le père Charpentier
aura quitté Versailles pour n'y plus revenir.

— Nous verrons bien, cher monsieur. C'est
une petite guerre qui commence. Nous ne com-
battons pas à armes égales, mais je ferai flèche
de tout bois. A bientôt! »

Le même soir, je me rendis à la préfecture, qui servait de palais, comme vous savez, au chef de l'Etat. Mais, au moment de saisir M. Thiers d'une question, qui pour lui et pour trente-six millions de Français, était d'un intérêt secondaire, un scrupule me vint. Ce pauvre président avait bien des choses en tête. Tout le fardeau des affaires publiques pesait sur lui. Sa maison était envahie chaque soir par les sept cent cinquante souverains que la France s'était donnés, dans un jour de malheur, comme dit l'autre. Chacun de ces messieurs prétendait partager le pouvoir exécutif avec lui ; quelques-uns même songeaient déjà à le lui reprendre. Les uns venaient directement à lui pour le solliciter, d'autres se donnaient rendez-vous chez lui pour conspirer dans tous les coins. Je le vis au milieu d'un groupe qu'il charmait de son mieux, en homme condamné à refaire sa majorité au jour le jour, et je pensai qu'il y aurait discrétion et prudence à l'aborder par le chemin le plus long.

Mme Thiers et sa sœur, Mlle Dosne, m'avaient accoutumé depuis un certain temps à l'accueil le plus bienveillant et le plus gracieux du monde ;

elles exerçaient une douce et d'autant plus puissante influence sur le vieux président, et j'étais sûr de gagner ma cause, si elles voulaient bien s'y intéresser peu ou prou. Malheureusement, ce soir-là, les deux maîtresses de la maison étaient accaparées par un vieux champion de l'ancien régime, M. le marquis de X..., que son parti avait donné comme ambassadeur à notre pauvre République. Ce diplomate improvisé, qui d'ailleurs ne faisait pas mauvaise figure dans son habit de 1825, présentait officiellement la marquise sa femme, élégante comme une riche provinciale de la Restauration. J'avisai alors dans un coin, près de la grande cheminée, une petite femme de soixante ans environ, qui était la bonne grâce et la bonté même, mais que les députés et les fonctionnaires laissaient un peu tranquille parce qu'ils ne la connaissaient pas. C'était Mme la baronne Roger, autrefois duchesse de Massa, cousine et amie intime de Mme Thiers. Elle avait de son premier lit un fils, très galant homme et musicien distingué, et du second un enfant de dix-huit à vingt ans d'autant plus sympathique, qu'à la suite d'une fièvre typhoïde, il était devenu sourd au point de ne pas entendre le canon de la Commune dont nous avions les oreilles rebattues jour et nuit. Mais il avait appris à lire la parole sur les lèvres de son interlocuteur, et il parlait de toutes choses en homme de goût, en dilettante, en philosophe, avec une étonnante précocité d'esprit. J'appréciais beaucoup ce jeune homme et j'étais attiré vers sa mère par une profonde sympathie, comme si j'avais pu deviner que nous serions un jour complices d'une bonne œuvre. Nous avions causé quelquefois de son hôtel Louis XVI, qui fait partie de la décoration de Paris et qui est la merveille des Champs-Élysées, de son jardin, de son orangerie, de ses serres dont elle redoutait la destruction par les Vandales de la Commune. J'avais donc une entrée en matière toute trouvée, et je n'étonnai nullement cette digne personne en lui disant pour ainsi dire à brûle-pourpoint : « Madame la baronne, si vous aviez chez vous un jardinier établi à votre service depuis trois générations, auriez-vous le courage de l'envoyer mourir dans quelque coin perdu, loin de Paris, le jour où il serait trop vieux pour cultiver votre jardin? »

Elle se récria, comme je l'avais prévu, et je poursuivis : « C'est que vous êtes, madame la baronne, non seulement grande dame, mais, passez-moi le mot, bonne femme. La France est grande dame aussi. M'est avis qu'elle ne perdrait rien à se montrer bonne femme, et que l'État devrait s'interdire des actes d'ingratitude et de cruauté qui nous révoltent chez un simple particulier. » La partie ainsi engagée, j'exposai tout à l'aise le cas du père Charpentier; j'ajoutai qu'il n'était nullement hors de service, et que, si on l'honorait un jour d'une visite, le parc et le jardin du petit Trianon plaideraient mieux sa cause que moi. Éloquent ou non, j'eus le bonheur d'être écouté et compris, si bien que la bonne baronne attendit impatiemment la libération de ses deux cousines pour les appeler à la rescousse. Elles étaient en grande conversation lorsque je regagnai mon taudis de l'avenue de Saint-Cloud, presque sûr de n'avoir pas perdu ma journée.

Le lendemain, au petit jour, je courais à Trianon et je m'assurais par mes yeux que le bonhomme Charpentier n'avait pas vidé l'enceinte.

Mais il n'était rien moins que rassuré, et il me demanda avec une anxiété visible quel emploi j'occupais dans l'administration ou dans la politique pour m'opposer au déménagement d'un fonctionnaire congédié. Lorsqu'il sut que je n'étais rien qu'un homme de bonne volonté, peu s'en fallut qu'il me traitât d'aimable farceur. Mais je ne me déferrai point, et je lui fis promettre qu'il attendrait les événements.

Il les attendit en effet, malgré les instances et les menaces de l'administration supérieure qui, pour un rien, l'eût expulsé par ministère d'huissier. Pour maintenir en lui durant huit jours la force d'inertie dont nous avions besoin pour obtenir qu'il ne renonçât point par faiblesse au bénéfice de la possession d'état, je dépensai plus de paroles que pour lui concilier la faveur de Mme Thiers et de Mlle Dosne. Ce diable d'homme m'eût échappé dix fois pour une si j'avais commis l'imprudence de m'absenter vingt-quatre heures durant. Mais j'étais debout sur la brèche : tous les soirs, dans les salons de la préfecture ; souvent aussi, dans la journée, au bureau de notre ennemi M. de C..., que je tenais au courant de toutes nos manœuvres. Ce haut fonctionnaire avait fini par prendre en grippe sa victime et par lui découvrir autant de défauts que naguère il lui reconnaissait de qualités. Est-ce qu'un employé n'est pas digne des derniers supplices lorsqu'il défend sa vie contre un grand chef?

Le soleil de mai commençait à fleurir les pelouses du petit Trianon et les plates-bandes du fleuriste prenaient couleur, quand un matin, grâce à la bonne Mme Roger, j'eus la joie d'annoncer à mon client deux visites d'importance. Mme Thiers et sa cousine avaient fait la partie de voir ce brave homme, chez lui, au milieu de ses plantes et de juger l'ouvrier sur son œuvre. Je fus exact au rendez-vous, comme si on m'y avait invité; je présentai mon homme qui s'était fait non seulement beau, mais jeune; on ne lui eût pas donné soixante ans. Il eut un tel succès et son jardin aussi, que je formai sur-le-champ le projet diabolique de faire d'une pierre deux coups et de sauver aussi son voisin, M. Briot, presque aussi coupable que lui, car si l'un comptait soixante-quinze ans, l'autre était atteint et convaincu d'en avoir soixante-douze. Mme Thiers et la baronne Roger visitèrent les pépinières et firent connaissance avec le père Briot. Je ne l'avais vu de ma vie, mais j'avais admiré ses arbres et constaté que ni l'invasion prussienne, ni la gelée de 1871 n'avaient prévalu contre lui.

Cependant le plus fort n'était pas fait, car le directeur des bâtiments civils tenait bon et il avait l'oreille de son ministre. Or M. de Larcy pouvait traiter de puissance à puissance avec M. Thiers. Il lui avait été imposé plutôt que donné par la majorité royaliste de l'Assemblée nationale, et le chef de l'État, dans la politique quotidienne, obtenait peu de chose de ce petit sectaire aussi cassant que cassé. Un jour vint cependant où, dans la discussion, M. le directeur des bâtiments civils laissa échapper une parole imprudente. Il s'oublia au point de dire que les hommes de soixante-dix ans ne sont bons qu'à porter en terre. Or son ministre et M. Thiers lui-même avaient passé cet âge et ne se souciaient nullement d'être enterrés. Le propos fut redit; il provoqua même une jolie explosion chez le président de la République qui frappa sa table du poing et s'écria : « Quel âge a-t-il donc, ce M. de C... qui prétend nous enterrer tous? » Aussitôt que j'eus connaissance de ce petit événement, je retournai chez M. de C... et je lui dis en loyal adversaire : « Ce n'est plus pour le père Charpentier que je viens vous solliciter, c'est pour vous-même. Voici ce que vous avez dit et ce que M. Thiers a répondu. » Le haut fonctionnaire s'emporta, mais de la bonne sorte : « Ah! c'est ainsi! s'écria-t-il. Eh bien! je ne mettrai plus personne à la retraite! Les services publics tomberont dans la sénilité, les finances de l'État seront dilapidées, mais j'aurai cédé à la force, et je m'en laverai les mains! »

Pour le coup, l'affaire était faite, et je n'en demandais pas davantage. Je ne sais ce qui se passa dans la soirée, mais j'ai tout lieu de croire que M. le directeur des bâtiments civils ne perdit pas son temps, car le lendemain M. Thiers, accompagné de son meilleur ami, M. Mignet, vint lui-même apporter la bonne nouvelle au père Charpentier et au père Briot. Je vous laisse à juger si les bonnes gens lui firent fête. De ce jour, il prit l'habitude d'aller se reposer durant une heure au petit Trianon après les séances orageuses de l'Assemblée. Il dormait sur deux chaises de paille, au milieu des caisses de fleurs, devant cette petite maison où il avait rapporté la joie et l'espérance. Quand je le surprenais dans ce calme et cette fraîcheur, sous la garde du vieux jardinier et de sa femme, je me disais qu'une bonne action n'est pas un mauvais oreiller. Du reste, M. Thiers a bien fait de remettre en fonctions un homme qui avait encore douze ans de bons services à rendre, comme l'événement l'a prouvé.

« Mais vous, mon cher ami, êtes-vous resté douze ans sans revoir celui dont vous avez si chaudement plaidé la cause?

— Non, certes; je suis retourné à Trianon l'année suivante, tout exprès pour lui serrer la main.

— Et que vous a-t-il dit?

— Il m'a dit, cet excellent homme : « Je n'oublierai jamais ce que M. Thiers a fait pour moi. »

QUATRE DISCOURS

—

1883
.
—

TOAST A VICTOR HUGO

(28 février 1883.)

Au nom de la grande famille des lettres, je remercie Victor Hugo de l'honneur qu'il nous fait et de la bienveillance qu'il nous témoigne en venant inaugurer parmi nous la quatre-vingt-deuxième année de sa gloire. Les jeunes gens qui sont ici n'oublieront jamais cette soirée; les hommes mûrs en garderont à l'hôte illustre du 28 février une profonde reconnaissance.

Mais ce n'est pas seulement aujourd'hui, c'est tous les jours, depuis plus de soixante ans, que Victor Hugo nous a honorés, tous tant que nous sommes, et par l'éclat de son génie, et par l'inépuisable rayonnement de sa bonté. Celui que

Chateaubriand saluait à son aurore du nom d'enfant sublime est devenu un sublime vieillard, sans que l'on ait pu signaler, dans sa longue et magnifique carrière, soit une défaillance du génie, soit un refroidissement du cœur.

Ce n'est pas une médiocre satisfaction pour nous, petits et grands écrivains de la France, de constater que le plus grand des hommes de notre siècle, le plus admiré, le plus applaudi, le plus aimé, n'est ni un homme de guerre, ni un homme de science, ni un homme d'argent, mais un homme de lettres.

Je ne vous dirai rien de son œuvre : c'est un monde. Et les mondes ne s'analysent pas au dessert, entre la poire et le fromage. Parlons plutôt de la fonction sociale qu'il a remplie et qu'il remplira longtemps encore, j'aime à le croire, au milieu de nous.

Dès son avènement, ce roi de la littérature a été un roi paternel. Il a laissé venir à lui les jeunes gens, comme avant-hier, dans sa maison patriarcale, il laissait venir à lui nos enfants. Qui de nous ne lui a pas fait hommage de son premier volume ou de son premier manuscrit, vers ou prose? A qui n'a-t-il pas répondu par une noble et généreuse parole? Qui n'a pas conservé, dans l'écrin de ses souvenirs, quelques lignes de cette puissante et caressante main? Des écrivains qu'il a encouragés, on formerait non pas une légion, mais une armée. Il n'a jamais découragé personne. Ses ennemis et ses rivaux, du temps qu'il en avait, lui ont quelquefois reproché cette prodigalité du sourire et cette intempérance du bon accueil. On a dit qu'il distribuait trop uniformément ses éloges sans tenir compte de la disproportion des talents. Cette faute, messieurs, si c'en est une, ne doit pas être imputée à l'homme, mais à l'altitude où il siège et à l'optique des sommets. Le mont Blanc n'est pas bien placé pour mesurer exactement la hauteur des sapins et des mousses qui végètent à ses pieds. Il est probable aussi que les fleuves, les ruisseaux et les rivières sont des forces égales aux yeux de l'Océan. Admettons, si l'on veut, que Victor Hugo est trop grand pour être un critique impeccable; mais cette supériorité a quelques droits à notre indulgence, car elle a produit des changements merveilleux dans l'esprit du peuple français en général, et particulièrement dans les mœurs de notre littérature.

Notre pays, messieurs, avait toujours été rebelle à l'admiration. On ne pouvait pas lui reprocher de gâter ses grands hommes. La médiocrité se vengeait du génie en lui tressant des couronnes où les épines ne manquaient pas. Tandis que nos voisins d'Europe mettaient une complaisance visible à idéaliser leurs idoles de chair et d'os, nous prenions un malin plaisir, c'est-à-dire un plaisir national, à martyriser les nôtres. Pour corriger ce mauvais instinct, il a fallu non seulement le génie de Victor Hugo et les acclamations du monde entier, mais encore l'action du temps et la longueur d'une existence bien remplie. On dit en Italie : « *Chi dura vince* ». Victor Hugo a vaincu parce qu'il a duré. C'est depuis quelques années seulement que ses concitoyens se sont décidés, non sans effort, à célébrer son apothéose. Cette résolution un peu tardive, mais sincère, nous a relevés aux yeux du monde, peut-être même à nos propres yeux. Nous nous sentons meilleurs, depuis que nous sommes plus justes. Ces querelles d'écoles, dont les hommes de mon âge n'ont pas encore oublié la fureur, se sont apaisées par miracle devant l'ancien généralissime des romantiques, assis à côté de Corneille dans l'Olympe de la littérature classique.

L'œuvre de pacification ne s'arrête pas là. Il s'est produit, grâce à l'illustre maître, une détente sensible dans le monde orageux de la politique ; j'en atteste les hommes de tous les partis qu'une même pensée, un sentiment commun, une admiration fraternelle a rapprochés ici, qui s'y sont assis coude à coude, qui ont rompu le pain ensemble et qui, entre les luttes d'hier et les batailles de demain, célèbrent aujourd'hui la trêve de Victor Hugo.

Messieurs, un grand artiste, qui inspira quelques centaines de passions, Franz Lisztz, disait un jour avec une pointe de fatuité bien légitime : « Mes maîtresses ne se querellent jamais, parce qu'elles s'aiment en moi. » Dans un autre ordre de sentiments, permettez-moi de vous dire : « Aimons-nous en Victor Hugo et n'oublions jamais, dans nos dissentiments, hélas! inévitables, que le 28 février 1883 nous avons bu tous ensemble à sa santé. A la santé de Victor Hugo ! »

DISCOURS PRONONCÉ

A la distribution des prix du lycée Charlemagne.

(Août 1883.)

———

Elèves de notre vieux Charlemagne,
Mes chers camarades,

Un de vos jeunes maîtres les plus brillants vous a parlé de l'avenir dans un noble et magnifique langage. Permettez qu'un de vos anciens, j'ai failli dire un de vos ancêtres, vous entretienne familièrement du passé.

Le ministre de l'instruction publique, en m'appelant à l'honneur de présider cette fête de famille, a récompensé au delà de tout mérite et de toute espérance une longue vie de travail. Je suis aussi ému qu'un vieil officier qui, avant de prendre sa retraite, passerait en revue le régiment où il a débuté comme enfant de troupe. Il y aura tantôt quarante-quatre ans que j'entrai pour la première fois dans cette maison, petit élève de septième, fraîchement débarqué d'une province lointaine que le malheur des temps a rendue plus lointaine encore, car elle est momentanément séparée de la France. Quarante-quatre ans, mes amis, c'est presque un demi-siècle; et pourtant les premiers souvenirs du collège ont un tel empire sur nous, ils se gravent si profondément dans notre mémoire, qu'en me reportant à l'automne de 1839 il me semble que je vous parle d'hier. Je vois encore comme s'ils étaient là les hommes dignes et bons qui formaient de mon temps la trinité administrative : M. Poirson, savant historien et proviseur austère, qui ne s'est peut-être pas déridé une fois dans l'exercice de ses fonctions, et qu'on n'abordait pas sans trembler un peu, même le samedi lorsqu'on était premier et qu'on allait dans son cabinet lui porter la liste des places; et le censeur, M. Maugeret, un petit homme nerveux, vif comme une souris, présent partout à la fois, inexorable aux indisciplinés, mais miséricordieux comme un père, facile à désarmer par une bonne parole ou par un bon mouvement; et l'économe, M. Pront, qui s'était illustré comme professeur de grammaire par un petit traité *Des comparatifs et des superlatifs*, mais qui n'en était pas plus fier, et qui sur le seuil de son modeste appartement, au rez-de-chaussée de la bibliothèque, nous montrait tous les jours la plus belle physionomie de brave homme que j'aie rencontrée dans ma vie. Les hommes éminents, qui représentent l'autorité dans les écoles publiques, n'obtiennent de leurs obligés qu'une justice tardive. Pour les apprécier, il faut avoir un peu vécu, il faut avoir connu le monde qui malheureusement ne ressemble guère au collège. Je vous en avertis, jeunes gens, vous ne trouverez pas hors d'ici des hommes qui vous récompensent de tout ce que vous aurez fait pour vous-mêmes, et qui vous punissent de fautes que vous commettrez contre vous. On peut se tromper à tout âge; les hommes faits, comme les enfants, sont sujets au découragement; la paresse elle-même n'est pas le monopole des écoliers. Eh bien! s'il vous prend fantaisie de vous croiser les bras, le monde vous laissera faire. Si vous gaspillez les talents dont la nature vous a dotés, si, après avoir marché droit durant quelques années, vous faites fausse route, le monde n'ira point vous prendre par le bras pour vous ramener dans la ligne. Cette providence incommode, mais généreuse et désintéressée, dont les Poirson, les Maugeret et les Pront ont entouré notre jeunesse, m'a souvent manqué dans la vie. Préparez-vous à lui dire adieu sur le seuil du collège, car vous ne la retrouverez pas hors d'ici.

Si l'administration nous inspirait plus de respect que de tendresse, nous admirions et nous aimions sincèrement nos professeurs. Plus j'y repense, plus il me semble que sur ce point nous n'avions pas tort. Mon premier professeur de grammaire, M. Prieur, n'était peut-être pas ferré sur la philologie comme un érudit de Berlin, mais il savait intéresser sa classe à ces éléments épineux qui bordent la route. M. Bétolaud, excellent homme, très paternel, avait autant d'esprit que de savoir. M. Cappelle joignait à ses mérites professionnels l'éducation d'un gentleman accompli. M. Croizet m'a laissé le souvenir d'un bénédictin, d'un bénédictin laïque, car il a fondé une dynastie universitaire. M. Julien Girard, tout jeune et presque débutant, n'a passé que quelques mois au milieu de nous, mais le jour où il nous dit adieu nous l'aimions tous comme un frère aîné et nous avions des ambitions infinies pour ce jeune homme distingué, simple et modeste entre tous. Car le désintéressement des maîtres a pour contre-partie légitime le dévouement des écoliers. Un bon élève n'admettra pas sans discussion que son professeur ne soit pas supérieur à tous les hommes. Lorsque le roi Louis-Philippe nous fit l'honneur de venir prendre ici deux précepteurs pour ses petits-fils, la classe d'Adolphe Régnier et la classe d'Hippolyte Rigault jugèrent unanimement qu'il avait bien choisi et que c'était le roi qui faisait la bonne affaire. Il eût donné la présidence du conseil des ministres à notre professeur de rhétorique, M. Berger, sans que ce choix inattendu nous étonnât outre mesure, car nous pensions que la grande âme de M. Berger, son noble caractère et son expérience du *Conciones* le rendaient digne et capable de gouverner la France. Peut-être y avait-il quelque naïveté dans nos admirations juvéniles, mais je me plais à croire qu'en cela les nouvelles générations ne sont pas plus sceptiques ou moins reconnaissantes que la nôtre. Longtemps après notre émancipation, les succès de nos anciens maîtres, les distinctions honorifiques qui leur étaient accordées, flattaient notre amour-propre autant et plus que des triomphes personnels. J'ai eu, en 1848, deux professeurs de philosophie : l'un s'appelait Jules Barni, l'autre s'appelle M. Franck. Barni a fait bonne figure au Parlement; M. Franck est une des lumières de l'Institut, une des gloires de l'enseignement supérieur. Eh bien! je n'ai jamais vu, soit le pays, soit le gouvernement, rendre justice à l'un de ces deux hommes, sans remercier à part moi, dans un élan de sympathie, ceux qui payaient ainsi mes dettes d'écolier. L'homme qui nous enseignait l'histoire, M. Toussenel, savait beaucoup, parlait très bien, écrivait mieux encore. Il avait un style nourri, pressé, quelquefois un peu sibyllin, à la manière de Tacite. Il a toujours dû faire un livre, un chef-d'œuvre, que nous admirions par avance et qui certes n'eût pas été médiocre si Toussenel l'avait écrit. Malheureusement, les labeurs quotidiens de l'enseignement d'abord, de l'administration ensuite, ont pris le temps qui était destiné à cette histoire d'Allemagne. Nous sommes quelques-uns qui ne nous en consolerons jamais. L'élève s'identifie tellement à son maître, lorsque le maître n'est point un homme ordinaire, que le livre de Toussenel, ce livre tant promis, tant espéré, ne manque pas seulement à nos bibliothèques, il manque à notre gloire.

De mon temps, le maître d'étude était moins instruit, moins gradé et moins considéré que vos maîtres répétiteurs. Il se recrutait au hasard, et trop souvent, je dois en convenir, parmi les déclassés de toutes les carrières. Mais c'était aussi quelquefois un homme de courage et de vouloir qui, tout en gagnant son pain dur, cherchait laborieusement sa route, un étudiant sans fortune qui sacrifiait tous les jours vingt heures de son temps pour acheter le droit de travailler librement quatre heures. J'en ai connu de bien méritants, un entre autres qui avait pris du service chez mon cher et vénéré chef d'institution, M. Jauffret. C'était un petit homme trapu, à barbe fauve, aux yeux pétillants, un piocheur renfermé, ténébreux, fortement soupçonné de couver des idées subversives. Il en avait au moins une, subversive ou non, et il la mena à bonne fin sans autre ressource qu'une volonté de fer. Ce pion rêvait de publier un dictionnaire comme on n'en avait jamais vu, une encyclopédie populaire, et il n'en a pas eu le démenti. Il s'appelait Larousse; il a laissé non seulement une fortune, mais une œuvre : *exegit monumentum*.

Je ne m'acquitterais qu'à moitié si, après cet hommage rendu aux hommes de bien qui nous ont donné l'instruction classique, je ne vous parlais pas de ceux qui ont fait notre éducation, c'est-à-dire de nos camarades. On peut affirmer sans paradoxe que dans les Écoles de l'État l'éducation est affaire d'enseignement mutuel et que les maîtres y ont moins de part que les élèves. Ce n'est pas du haut de la chaire que le professeur, isolé par sa supériorité même, peut pétrir et redresser le caractère des enfants. Bon gré, mal gré, il leur laisse le soin et l'honneur de se corriger les uns les autres. Dans le petit monde des écoles, il y a un esprit public qui se compose par moitié d'honnêteté native et de tradition constante. Le collège est une sorte de Conservatoire grâce auquel l'esprit de justice absolue, le sentiment de l'égalité, l'instinct de la solidarité et la pratique de la loyauté ne périront jamais en France. C'est au collège seulement que celui qui a le mieux fait son devoir est sûr d'avoir la première place, et personne ne se soucierait de l'obtenir autrement. C'est au collège que tous les Français sont égaux devant la loi; il n'en va pas toujours ainsi dans le monde. C'est au collège qu'une absurde et touchante fraternité entraîne quelquefois les bons élèves à faire cause commune avec les autres. C'est au collège, enfin, et pas ailleurs, que les coupables se font un point d'honneur de s'accuser eux-mêmes plutôt que de laisser punir un innocent. Dans ce milieu d'une salubrité vraiment rare, ni la fortune ni les relations ne comptent pour rien. On n'y connaît ni les protections ni les influences; l'émulation y est toujours en éveil, mais une émulation honnête et qui ne sort jamais du droit chemin. Non certes que les écoliers soient tous de petits saints : si je vous le disais, je perdrais votre confiance. Mais ils se rectifient les uns les autres, et ils ne pardonnent jamais une faute contre l'honneur. Voilà comment la camaraderie devient une longue épreuve qui nous permet de nous apprécier les uns les autres, de nous améliorer au besoin par un contrôle réciproque et de choisir nos amis pour la vie. Vous le savez, les vieux amis sont meilleurs et plus solides que les neufs, et la grande fabrique des vieux amis, c'est le collège. J'entends encore notre professeur de septième dicter les places de notre première composition au mois d'octobre 1839. Je vois descendre des gradins un gros garçon sanglé dans son habit bleu barbeau à boutons de métal et si myope sous ses énormes lunettes qu'il trébucha deux ou trois fois avant d'atteindre le banc d'honneur. Il était le premier en thème et s'appelait Francisque Sarcey. Je n'ai pas besoin de vous dire que depuis ce jour-là il a été premier en beaucoup d'autres choses. Il n'appartenait pas à ma pension; nous ne mangions donc pas le même pain, si ce n'est une fois par an, à la Saint-Charlemagne. Il prenait ses récréations dans une cour de la rue des Minimes et moi dans une cour de la rue Culture-Sainte-Catherine. Nous n'avions donc pas même l'occasion d'échanger ces bons coups de poing qui rapprochent les camarades, comme on prétend que la guerre rapproche les nations. Cependant, au bout de l'année, nous avions pris mesure de nos caractères respectifs, nous n'avions pas de secrets l'un pour l'autre, et je crois bien qu'il en est encore de même aujourd'hui. Dans cette composition mémorable, mémorable pour moi du moins, le second était un enfant sérieux avant l'âge, un petit penseur aux yeux profonds. Il était le second fils d'un poète que l'on acclamait déjà comme le premier homme du siècle; mais il portait le fardeau de son nom avec une simplicité charmante, et c'était, je vous jure, un bien bon camarade que François-Victor Hugo. Un peu moins beau assurément, et moins brillant aussi, que son frère Charles, qui entrait dans la vie comme un jeune dieu de l'Olympe, mais aussi généreux, aussi bon et plus laborieux. Je ne vous apprends pas qu'il a laissé à son pays l'unique traduction de Shakespeare.

La vieille maison où nous sommes était, lorsque j'y suis entré, un champ de bataille littéraire. La place Royale et l'Arsenal, Victor Hugo et Nodier l'avaient conquise au romantisme; mais la tradition classique, représentée par un certain nombre de professeurs, tenait bon dans la citadelle. Nous, les bambins sortis à peine de la coquille, nous tenions à honneur de prendre parti, et nous suivions des yeux avec un intérêt passionné le vol des jeunes poètes, nos anciens, qui essayaient leurs ailes. Auguste Vacquerie, le poète original, qui devint par la suite un puissant dramaturge et un incomparable polémiste, publiait l'*Enfer de l'esprit;* Laurent Pichat faisait imprimer ses premiers vers, et Paul de Molènes, ce paladin lettré, ses premières nouvelles; Adrien Decourcelles débutait par un acte charmant à la Comédie-Française: Got, lauréat du concours général, frappait aux portes du Conservatoire, sans se douter que ce chemin conduisait à l'Ecole normale et sans prévoir qu'il aurait l'honneur de terrasser un monstre plus résistant que tous les adversaires d'Hercule, le préjugé contre les comédiens.

La contagion littéraire envahissait nos aînés. les rhétoriciens et les philosophes. On rimait sur les bancs, en contrebande, à la barbe des maîtres qui, d'ailleurs, étaient indulgents pour ce genre de contravention. Louis Ulbach a été célèbre longtemps avant d'être bachelier. Avec quel feu nous applaudissions les *Fêtes de Bacchus*, cette grande tragédie de Jules Thiénot qui ne fut jamais représentée ni terminée! Pauvre Jules Thiénot! Après tant de beaux rêves et de si magnifiques espérances, il est mort en soldat obscur sur le champ de bataille de l'enseignement, comme son frère le brave commandant devait mourir au champ d'honneur pour la défense du pays. Eugène Manuel, Fallex, Glachant. Lehugeur, Chassang. s'étaient fait parmi nous une réputation d'hommes de goût et d'écrivains élégants entre leur dix-huitième et leur vingtième année.

Il y aura toujours du singe dans l'écolier: vous ne vous étonnerez donc pas si j'avoue que nous imitions nos aînés comme ils imitaient leurs anciens. Nous avons fait de trop bonne heure un journal littéraire du format d'une copie simple où la prose et la poésie alternaient amicalement. Cette publication nous révéla, entre autres talents inédits, un romancier sinistre et sanguinaire, fécond en idées dramatiques et habile comme pas un à faire dresser les cheveux sur la tête. Il est membre de l'Académie des inscriptions et, le mois dernier, on l'a fait grand-croix de la Légion d'honneur, mais ce n'est pas comme écrivain, c'est comme ambassadeur de France en Angleterre. Ce Ponson du Terrail, qui a si heureusement dévié, s'appelle Charles Tissot. Un garçon qui ne s'est pas démenti par exemple, c'est notre camarade Vachette, qui nous faisait pouffer de rire et attirait infailliblement sur ses lecteurs ou ses auditeurs une grêle de pensums. Il est toujours aussi plaisant et l'on retrouve dans ses écrits, non seulement la verve, mais le débraillé du collège, quoiqu'il ait tant soit peu modifié son nom et qu'il signe Eugène Chavette. Nous comptions parmi nous un artiste, un seul, mais qui en valait cent. C'était un petit bonhomme rose et joufflu, plus jeune de trois ou quatre ans que ses camarades de classe, pas très fort en latin, mais étonnant en gymnastique et bien doué pour la musique. Il dessinait en outre sur les marges de ses cahiers des croquis d'un goût si bizarre et d'une si haute fantaisie, que l'éditeur Philippon ne se fit pas prier pour les réunir en album. Ce gamin, qui devait un jour jeter à tous les vents une œuvre immense et remplir le monde de son nom, c'était Gustave Doré.

Je ne suis pas venu parmi vous pour passer la revue de mes contemporains ni pour distribuer des prix aux anciens Charlemagne. La simple nomenclature des hommes, qui depuis cinquante ans ont ajouté à la gloire de cette vieille maison, nous prendrait la journée entière et pourrait s'allonger à votre détriment jusqu'à demain. C'est pourquoi je ne veux parler ni de Paul Albert, notre ami, qui fut un écrivain, un professeur et un conférencier de premier ordre, ni de Maxime-Abel Gaucher qui, sans abandonner sa chaire un seul jour, s'est classé parmi nos critiques les plus subtils et les plus délicats, ni de Duvaux qui, sans y songer, est devenu un beau matin ministre et, ma foi! bon ministre de l'instruction publique; ni de Quinot, ni de Bary, ni de Marguet, ni de Goumy, ni d'Eugène Benoist, le premier latiniste de France; ni de Fustel de Coulanges, l'admirable historien de la cité antique et le digne héritier de Bersot à l'Ecole normale. Je passe sans m'arrêter entre les maîtres de la science comme Debray, les maîtres de l'art médical comme Alfred Fournier, les maîtres du barreau comme Craquelin et Martini, les ingénieurs éminents, tels que Dormoy, Greil, Doniol, Geneste et Cornu.

Et si je parle de Flourens, c'est seulement pour remercier ce digne président de notre Association fraternelle et ses collègues au conseil d'État du décret qui nous a classés parmi les établissements d'utilité publique.

La camaraderie, mes chers enfants, n'est pas une affaire, comme Scribe l'a démontré, sans le croire, dans une de ses comédies les plus plaisantes. Cet homme d'esprit a été toute sa vie le modèle des camarades, et Sainte-Barbe s'en souvient. Ce n'est pas tout que de penser avec plaisir aux compagnons de notre enfance; il faut analyser un sentiment obscur et organiser quelque peu notre fraternité instinctive. L'école est une petite patrie dans la grande; une patrie moins large assurément, mais plus intime. Nous ne lui devons pas notre sang comme à celle qui nous a donné la vie, mais nous lui devons autre chose. Une sorte de parenté intellectuelle et morale nous unit à tous ceux qui se sont assis sur nos bancs, soit avec nous, soit même avant ou après nous. Nous devons quelque déférence à nos ainés du collège, quelque protection à nos cadets, quelque assistance à tous ceux des nôtres qui ont éprouvé la rigueur du sort. On ne songeait guère à tout cela, j'en conviens, quand on avait votre âge, mais nous y avons pensé depuis, et il n'est pas mauvais que vous profitiez un peu de notre expérience. A la distribution des prix de 1840, un philosophe inquiet et malheureux, comme tous ceux qui cherchent la certitude et ne l'ont pas trouvée, Théodore Jouffroy, nous fit entendre un discours admirable qui fut son testament et peut-être son chef-d'œuvre. L'orateur ne s'adressait pas à nous autres bambins; il ne parlait que pour les grands, pour les élèves de mathématiques et de philosophie, qui allaient sortir du collège. Et ce noble esprit leur disait : « Profitez bien des dix années qui s'ouvrent devant vous, car vous entreverrez dans ces dix ans toutes les idées fécondes de votre vie. » Le conseil de Jouffroy était sage et son pronostic était vrai ; j'en parle par expérience et je voudrais vous donner à mon tour un avis qui ne vous fût pas inutile. Profitez, mes chers camarades, du temps qui vous reste à passer sur ces bancs où nous nous sommes assis avant vous; profitez-en, non seulement pour faire provision de savoir et d'idées, mais encore et surtout pour faire provision d'amis. Passé un certain âge on fait des connaissances, on se crée des relations, on trouve des protecteurs, des protégés, des collègues, des confrères, des associés, mais l'intimité cordiale, le tutoiement, la confiance entière et désintéressée, le dévouement réciproque à l'épreuve de tous les hasards de la vie, ne se développent qu'ici, dans ce milieu sympathique et chaud où je me suis senti rajeunir pendant quelques minutes au voisinage de vos jeunes cœurs.

ADIEUX A TOURGUENEFF

(1ᵉʳ octobre 1883.)

Ivan Sergiewich, vous avez achevé de souffrir, mais vous n'êtes pas mort tout entier. Votre sang généreux et chaud circule encore dans vos livres; le bien que vous avez fait est gravé sur un métal plus impérissable que l'airain, la reconnaissance des justes. C'est pourquoi nous ne suivons pas votre deuil en pleurant : est-ce qu'on pleure les immortels? Mais nous vous accompagnons avec recueillement comme un hôte aimable et aimé qui part pour un très long voyage. C'est ici, au seuil de Paris, devant cette large porte ouverte sur le nord, que ceux qui s'en vont et ceux qui restent échangent le baiser d'adieu.

Cher voyageur, nous n'avons pas besoin d'évoquer votre image pour vous retrouver tel que vous étiez hier. Votre noble figure est présente à tous nos esprits. Nous voyons cette tête puissante portée par de robustes épaules, la barbe et les cheveux blanchis avant le temps par le travail et la douleur, les yeux d'une douceur exquise sous les sourcils olympiens, la bouche souriante et mélancolique à la fois, la physionomie empreinte de finesse et de bonté comme votre génie. Vous avez passé vingt ans parmi nous, presque le tiers de votre vie. Nos arts, notre littérature, nos plaisirs délicats, vous faisaient un besoin de cette villégiature parisienne. Non seulement vous aimiez la France, mais vous l'aimiez élégamment, comme elle prétend être aimée. Elle vous eût adopté avec orgueil si vous l'aviez voulu, mais vous êtes toujours resté fidèle à la Russie et vous avez bien fait, car celui qui n'aime pas sa patrie absolument, aveuglément, bêtement, ne sera jamais que la moitié d'un homme. Vous ne seriez pas si populaire au pays où l'on vous attend, si vous n'aviez été bon patriote. J'ai lu dans les journaux qu'un homme de la caste la plus nombreuse et la plus puissante en tous lieux, la caste des imbéciles, avait dit : « Je ne connais pas Tourgueneff, c'est un Européen et je suis marchand russe. » Ce simple vous logeait trop à l'étroit dans les frontières de l'Europe. C'est à l'humanité tout entière que votre cœur appartenait. Mais la Russie occupait la première place dans vos affections. C'est elle avant tout et surtout que vous avez servie. Je ne sais pas quel rang vous occupiez dans la hiérarchie sociale, si vous êtes né riche ou pauvre, si vous avez rempli quelques emplois, obtenu quelques dignités. Il importe peu, car aux yeux des contemporains, comme aux yeux de la postérité, vous n'êtes et ne serez jamais qu'un auteur de récits. Des récits, c'est bien peu de chose, et le moindre pédant des universités allemandes regarde de son haut ces élucubrations sans conséquence, dignes tout au plus d'amuser le désœuvrement des femmes. Mais lorsque le conteur agile et charmant est par surcroît un écrivain classique, un observateur sagace, un penseur profond, un cœur d'apôtre, il lui arrive quelquefois de se faire une place en dépit des pédants parmi les grands hommes du siècle et les bienfaiteurs du genre humain. Pourquoi le peuple russe vous a-t-il décerné par avance les honneurs qu'un grand politique ou un général victorieux n'oserait même pas rêver? C'est d'abord parce que les races se mirent complaisamment dans les individus qui représentent leur type le plus accompli, et que vous êtes Slave entre les Slaves, un des plus beaux échantillons de cette famille douce et fière, aventureuse et sentimentale, qui n'a pas dit son dernier mot et qui débute à peine depuis le siècle dernier sur le théâtre de l'histoire. C'est que vous avez révélé à elle-même une Russie qui s'ignorait. C'est que la vie du paysan russe, sa misère, son ignorance, sa résignation, sa bonté, ont été signalées pour la première fois à l'intérêt et à la commisération de tous par vos *Mémoires d'un chasseur*. C'est enfin parce que la grande âme d'Alexandre II s'est inspirée de ce petit livre lorsqu'elle a décrété l'abolition du servage et brisé d'un trait de plume une iniquité aussi vieille que le monde. Jamais une œuvre littéraire n'avait obtenu une si haute consécration.

Jamais les puissants de ce monde n'avaient si glorieusement affirmé le règne de l'esprit sur la terre. Eh bien! vous allez le revoir, ce grand pays que nous connaissons un peu, grâce à vous. Vous allez traverser en modeste triomphateur les steppes sans limites et les forêts parfumées de résine où plane le coq de bruyère. Les paysans courront à vous comme un vieil ami. Ils feront bien des verstes à pied pour saluer votre passage. Ils se disputeront la joie amère de porter votre cercueil. Ils rentreront dans leurs maisons de bois pour se mettre à genoux devant l'iconostase et recommander à la Vierge et aux saints votre bonne âme. J'aime à penser que la première neige de l'hiver argentera la tombe où vous avez voulu dormir côte à côte avec votre ami Bielinski. Vous étiez friand de la neige et personne ne l'a dépeinte avec autant de tendresse que vous. Quel monument vont-ils vous élever là-bas dans leur reconnaissance ingénieuse? Les grands hommes d'État, vos voisins des frontières de l'Ouest, savent ce qui les attend après la mort. Ils auront des statues de fer supportées par des prisonniers de guerre, des vaincus, des annexés, des malheureux chargés de chaînes. Un petit bout de chaîne brisée sur une table de marbre blanc siérait bien mieux à votre gloire et satisferait, j'en suis sûr, vos modestes ambitions.

Ivan Sergiewich, vous qui nous avez fait connaître et apprécier vos concitoyens, couronnez l'œuvre de votre vie en leur faisant apprécier la France. Dites-leur que l'adversité nous a rendus meilleurs et plus sages, que nous ne sommes plus légers, que nous n'avons jamais été ingrats, que nous savons aimer qui nous aime, servir qui nous sert, et mêler notre sang avec profusion au sang des peuples amis.

DISCOURS

PRONONCÉ

A l'inauguration de la statue d'Alexandre Dumas.

(Novembre 1883.)

―――

Cette statue, qui serait d'or massif si tous les lecteurs de Dumas s'étaient cotisés d'un centime, cette statue, messieurs, est celle d'un grand fou qui dans sa belle humeur et son étourdissante gaieté logeait plus de bon sens et de véritable sagesse que nous n'en possédons entre nous tous. C'est l'image d'un irrégulier qui a donné tort à la règle, d'un homme de plaisir qui pourrait servir de modèle à tous les hommes de travail, d'un coureur d'aventures galantes, politiques et guerrières, qui a plus étudié à lui seul que trois abbayes de bénédictins. C'est le portrait d'un prodigue qui, après avoir gaspillé des millions en libéralités de toute sorte, a laissé sans le savoir un héritage de roi. Cette figure rayonnante est celle d'un égoïste qui s'est dévoué toute la vie à sa mère, à ses enfants, à ses amis, à sa patrie; d'un père faible et débonnaire qui jeta la bride sur le cou de son fils et qui pourtant eut la rare fortune de se voir continué tout vivant par un des hommes les plus illustres et les meilleurs que la France ait jamais applaudis.

Le comité qui a pris l'iniative de cette réunion littéraire et patriotique a bien fait d'y convier la Société des gens de lettres. Je craignais encore, il y a quelques jours, qu'il ne nous eût oubliés, et je ne m'en consolais pas facilement, car Dumas, qui fut un de nos fondateurs avec Hugo, Balzac et tous les grands romanciers du siècle, nous appartient au moins autant qu'à nos honorables amis les auteurs dramatiques. Ses livres seront lus plus longtemps que ses comédies et ses drames ne seront représentés. Durant un siècle et plus, ces beaux récits où l'action ne languit jamais, où le style est limpide et brillant comme le cristal d'une source, où le dialogue pétille comme bois vert sur le feu, feront la joie des jeunes gens, la distraction des vieillards, le repos des travailleurs, la consolation des malades, les délices de tous. J'ai vu des hommes d'un certain âge et passablement occupés, moi par exemple, s'oublier une nuit entière en compagnie du *Chevalier de Maison-Rouge* ou des *Mohicans de Paris*. J'entends encore quelquefois mes enfants se quereller amicalement parce que l'un n'a pas fini le second volume de *Monte-Cristo* quand l'autre, qui attend son tour, est arrivé au bout du premier. Et j'en conclus que le bon Dumas n'a rien perdu de sa fraîcheur depuis le temps, hélas! un peu lointain, où il faillit causer la mort d'un de nos camarades. C'était un petit Espagnol, interne à la pension Massin; il avait perdu l'appétit et le sommeil, et se consumait lentement comme tous ceux qui ont le mal du pays. Sarcey, qui était dans sa classe et qui l'avait pris en amitié, lui dit un jour :

« C'est ta mère que tu voudrais voir?

— Non, répondit l'enfant, elle est morte.

— Ton père alors?

— Il me battait.

— Tes frères et sœurs?

— Je n'en ai pas.

— Mais pourquoi donc es-tu si pressé de retourner en Espagne?

— Pour achever un livre que j'ai commencé aux vacances.

— Et qui s'appelle?

— *Los Tres Mosqueteros.* »

Le pauvre enfant, messieurs, avait la nostalgie des *Trois Mousquetaires*. Il ne fut pas difficile à guérir.

Ce n'est pas seulement par son incomparable génie de conteur que Dumas appartient à notre vieille et fraternelle Société; c'est aussi par son caractère, par ses mœurs, ses qualités, ses défauts, ses erreurs même. Nous avons eu parmi nous d'aussi grands écrivains, jamais un type d'homme de lettres aussi parfaitement accompli. Il a fait bien des choses en dehors de son état, par exemple la révolution de 1830 et la conquête des Deux-Siciles; mais on peut dire sans exagération qu'il n'a vécu que pour écrire. Lorsqu'il se plongeait dans l'histoire, c'était, comme un pêcheur de perles, pour en rapporter un roman. Lorsqu'il voyageait en Afrique, en Syrie, au Caucase, en Suisse, en Italie, c'était pour raconter ses voyages. La rencontre la plus vulgaire, la conversation la plus insipide, lui fournissait au moins une page intéressante. Il a nourri des animaux, chiens, chats, singes, tortues, grenouilles, et même un ours, si j'ai bonne mémoire : c'était pour leur prêter de l'esprit. Les femmes ont pris beaucoup de son cœur et fort peu de son temps ; je doute que la plus aimée ait eu assez d'empire sur lui pour le détourner du travail, car il n'a cessé de produire que lorsqu'il a cessé de vivre. Et que fût-il advenu, bonté du ciel ! si la manne que tout un peuple attendait bouche bée avait fait défaut un seul jour ? Rappelez-vous ce temps, cet heureux temps où les grands journaux politiques se disputaient la clientèle à coups de feuilleton, où le Premier-Paris n'était plus pour ainsi dire qu'un hors-d'œuvre, car la France s'intéressait plus vivement à d'Artagnan ou à Edmond Dantès qu'à MM. Duvergier de Hauranne et Guizot. C'était l'âge d'or du roman, le règne de Dumas I*er*, qui fut d'ailleurs un bon roi ; car il n'abusa du pouvoir que contre les libraires et les éditeurs de journaux, au grand profit de tous ses confrères. En faisant admettre l'esprit à la cote des valeurs mobilières, il servit le prochain autant et plus que lui-même et il améliora largement la condition de l'écrivain. Il la relevait en même temps aux yeux des sots, cette imposante majorité du genre humain, par la magnificence de sa vie et ses largesses sans exemple. Assez longtemps les grands seigneurs avaient humilié les grands talents : Dumas se mit en tête de venger le pauvre Colletet crotté jusqu'à l'échine et tous ceux qui depuis deux siècles ont accepté l'aumône dédaigneuse des princes, des financiers ou des gouvernements. Il fit merveille dans cette voie; peut-être même y poussa-t-il un peu trop loin, car son inexpérience des chiffres le livra quelque temps aux créanciers, aux usuriers et aux huissiers. Mais Dumas n'était pas homme à se troubler pour si peu. Lorsqu'il fut bien certain d'avoir des dettes, il travailla pour ses créanciers, comme il avait travaillé pour ses amis, ses maîtresses et ses parasites. Cela ne le changeait pas beaucoup, car il n'avait pas de besoins personnels, sauf l'encre et le papier. Je me trompe : il lui fallait encore des collaborateurs, et il en a fait une large consommation. Il ne s'en est jamais caché, et d'ailleurs le simple bon sens dit assez qu'un seul homme était incapable d'écrire plus de cent volumes par an. Les envieux et les impuissants lui ont fait un reproche de cette nécessité. Les Mirecourt du temps ont pleuré des larmes de crocodile sur les victimes de sa gloire et de son talent. Il paraît malaisé de plaindre les collaborateurs de Dumas quand on regarde ceux qui ont survécu. Le maître ne leur a pris ni leur argent, car ils sont riches, ni leur réputation, car ils sont célèbres, ni leur mérite, car ils en ont encore et beaucoup. Du reste, ils ne se sont jamais lamentés, tout au contraire. Les plus fiers s'applaudissent, je crois, d'avoir été à si bonne école, et c'est avec une véritable piété que le plus illustre de tous, M. Auguste Maquet, parle toujours de son grand ami. Je ne sais pas dans quelle proportion l'on partageait les fruits du travail commun ; il est certain que le crédit de son nom et la supériorité de son style permettaient à Dumas de se faire la part du lion ; mais l'empressement avec lequel on recherchait son patronage atteste que ce beau génie n'était pas un génie injuste et malfaisant. Quant à la somme de travail qu'il apportait à la masse, je puis dire avec une sorte de précision ce qu'elle était, car un heureux concours de circonstances m'a permis de surprendre ce grand producteur en flagrant bienfait de collaboration.

C'était au mois de mars 1858, à Marseille. J'allais en Italie, ou du moins je croyais y aller et prendre le bateau de Civita-Vecchia le soir même. Mais, en mettant les pieds sur le quai de la gare, je me sentis soulevé de terre par un colosse superbe et bienveillant qui m'embrassa. Il était venu au-devant d'une femme adorée qu'il n'aimait plus depuis la veille, car il venait tout justement de lui donner une rivale dans son impatience de la revoir. Il l'accueillit d'ailleurs avec la tendresse la plus vive et la plus sincère; puis revenant à moi : « Je te garde, dit-il; tu vas descendre à mon hôtel; nous dînerons ensemble, et je te ferai moi-même une bouillabaisse dont tu te lècheras les doigts; tu viendras ensuite au Gymnase applaudir la première représentation d'un drame qu'ils m'ont forcé d'écrire en trois jours; Clarisse et Jenneval y sont sublimes, et ma petite ingénue, un amour! Mais n'en dis rien devant la dame de Paris. »

Je lui obéis avec joie, comme on obéissait toujours à cet être irrésistible. Sa bouillabaisse fut délicieuse; son drame, intitulé les *Gardes forestiers*, alla aux nues; on offrit sur la scène une couronne d'or à l'auteur; l'orchestre du théâtre vint lui donner une aubade sous les fenêtres de l'hôtel, aux applaudissements du public; il parut au balcon, remercia les musiciens et harangua le peuple; on se rendit ensuite au meilleur restaurant de la ville, où les directeurs du théâtre avaient commandé le souper. La fête se prolongea jusqu'à trois ou quatre heures du matin. Nous rentrons; je dormais debout. Lui, le géant, était frais et dispos comme un homme qui sort du lit. Il me fit entrer dans sa chambre, alluma devant moi deux bougies neuves sous un réflecteur et me dit :

« Repose-toi, vieillard! Moi, qui n'ai que cinquante-cinq ans, je vais écrire trois feuilletons qui partiront demain, c'est-à-dire aujourd'hui, par le courrier. Si par hasard il me restait un peu de temps, je bâclerais pour Montigny un petit acte dont le scénario me trotte par la tête. »

Je crus qu'il se moquait; mais, en m'éveillant, je trouvai dans la chambre ouverte, où il chantait en faisant sa barbe, trois grands plis destinés à la *Patrie*, au *Journal pour tous* et à je ne sais quelle autre feuille de Paris; un rouleau de papier à l'adresse de Montigny renfermait le petit acte annoncé, qui était tout bêtement un chef-d'œuvre : l'*Invitation à la valse*.

Il est manifestement impossible à l'homme le mieux doué d'abattre une telle besogne en quelques heures si sa tâche n'a pas été sérieusement préparée soit par lui-même, soit par un autre. Dumas écrivait ses romans de sa main, d'une belle et lumineuse écriture, sur un grand papier azuré et satiné. Mais il en improvisait la broderie sur un fond qui n'était pas improvisé. Je vois encore sur notre table d'hôtel la première version des *Loures de Machecoul*. C'était un fort dossier de papier écolier, coupé en quatre et couvert d'une petite écriture fort nette; une excellente ébauche mise au point par un praticien distingué d'après la maquette originale du maître. Pour en faire un roman de Dumas, il ne restait plus qu'à l'écrire, et Dumas l'écrivait. Il copiait à sa manière, c'est-à-dire en y semant l'esprit à pleines mains, chaque petite feuille de papier blanc sur une grande feuille de papier bleu. Il faisait ainsi pour lui-même ce qu'un autre Dumas fit plus tard avec un désintéressement absolu pour sa noble amie Mme Sand lorsqu'il tira son grand feu d'artifice à travers les quinconces, les charmilles et les plates-bandes du *Marquis de Villemer*.

L'esprit du fils et l'esprit du père seront peut-être un jour le thème d'un parallèle à la Plutarque que je n'entreprendrai point, et pour cause : il y faudrait un demi-siècle de reculée et le savoir d'un lapidaire assez expert pour comparer le Régent au Sancy. J'ai vu des Parisiens qui savaient leur métier de maîtres de maison organiser un concours entre ces deux grands virtuoses ; mais c'est en vain qu'on les faisait asseoir à même table : ils s'éteignaient réciproquement et cachaient leur esprit à qui mieux mieux, parce que chacun d'eux avait peur d'en montrer plus que l'autre et qu'ils s'adoraient l'un l'autre jusqu'à l'abnégation.

Dans notre précieuse et trop courte intimité de Marseille, Dumas père m'a dit un jour : « Tu as bien raison d'aimer Alexandre : c'est un être profondément humain, il a le cœur aussi grand que la tête. Laisse faire, si tout va bien, ce garçon-là sera Dieu le Fils. » L'excellent homme savait-il en parlant ainsi qu'il usurpait le trône de Dieu le Père ? Peut-être ; mais chez Dumas le moi n'était jamais haïssable, parce qu'il était toujours naïf et bon. La bonté entre au moins pour les trois quarts dans le composé turbulent et fumeux de son génie. Sous le brillant écrivain qui ne tardera pas à devenir classique, grâce à la limpidité de son style, on trouve toujours le bon homme et le bon Français. Il aima son pays par-dessus tout, dans le présent et dans le passé, sans rien sacrifier à l'esprit de parti, sans tomber dans les déplorables iniquités de la politique. Nul n'a parlé de Louis XIV avec plus de respect, de Marie-Antoinette avec plus de piété, de Bonaparte avec plus d'admiration que ce républicain déclaré et convaincu. Il a été, concurremment avec Michelet, avec Henri Martin, avec les plus ardents, avec les plus austères, un vulgarisateur de notre histoire. C'est ainsi qu'il a mérité l'amère faveur du destin qui l'a fait mourir à la fin de l'Année terrible, l'a retranché de la France en même temps que l'Alsace et la Lorraine, et l'a enseveli comme un héros vaincu dans le drapeau national en deuil. Sa gloire littéraire est surtout, avant tout, une gloire patriotique ; aussi voyons-nous sa statue, la première qu'un simple romancier ait obtenue en France, rassembler autour d'elle l'élite de tous les partis.

Ce libre-penseur, qui était d'ailleurs un spiritualiste convaincu, respectait religieusement la foi d'autrui ; ce bon vivant, ce joyeux compagnon, n'a propagé que les bons principes, il n'a prêché que la saine morale : aussi voyons-nous les fidèles de toutes les communions, les philosophes de toutes les écoles absoudre unanimement les écarts véniels de sa vie et de sa plume. Enfin, cet écrivain fougueux, puissant, irrésistible comme un torrent débordé, ne fit jamais œuvre de haine ou de vengeance ; il fut clément et généreux envers ses pires ennemis; aussi n'a-t-il laissé ici-bas que des amis. Le champ de l'avenir est le patrimoine des bons. Telle est, messieurs, la moralité de cette cérémonie.

FIN.

TABLE DES MATIÈRES

De Pontoise à Stamboul. 1
Le grain de plomb. 145
Dans les ruines. 169
Les œufs de Pâques. 191
Le jardin de mon grand-père 201
Au petit Trianon. 219
Quatre discours. 239

FIN DE LA TABLE DES MATIÈRES

Coulommiers. — Typog. PAUL BRODARD et Cⁱᵉ.

www.ingramcontent.com/pod-product-compliance
Lightning Source LLC
Chambersburg PA
CBHW050629170426
43200CB00008B/945